프랜차이즈
상식을 깨다
외식업 프랜차이즈
창업 성공 비법

프랜차이즈
상식을 깨다
외식업 프랜차이즈
창업 성공 비법

프랜차이즈
상식을 깨다
외식업 프랜차이즈
창업 성공 비법

프랜차이즈
상식을 깨다

외식업 프랜차이즈
창업 성공 비법

프랜차이즈
상식을 깨다

외식업 프랜차이즈
창업 성공 비법

외식업 프랜차이즈 창업 성공 비법

프랜차이즈 상식을 깨다

2019. 8. 12. 초 판 1쇄 인쇄
2019. 8. 19. 초 판 1쇄 발행

지은이 | 정명진
펴낸이 | 이종춘
펴낸곳 | BM ㈜도서출판 성안당

주소 | 04032 서울시 마포구 양화로 127 첨단빌딩 3층(출판기획 R&D 센터)
10881 경기도 파주시 문발로 112 출판문화정보산업단지(제작 및 물류)

전화 | 02) 3142-0036
031) 950-6300

팩스 | 031) 955-0510
등록 | 1973. 2. 1. 제406-2005-000046호
출판사 홈페이지 | **www.cyber.co.kr**
ISBN | 978-89-315-8812-5 (13320)
정가 | 15,000원

이 책을 만든 사람들
책임 | 최옥현
기획 · 진행 | 박남균
교정 · 교열 | 디엔터
표지 · 본문 디자인 | 박원석, 디엔터
홍보 | 김계향
국제부 | 이선민, 조혜란, 김혜숙
마케팅 | 구본철, 차정욱, 나진호, 이동후, 강호묵
제작 | 김유석

■ 도서 A/S 안내

성안당에서 발행하는 모든 도서는 저자와 출판사, 그리고 독자가 함께 만들어 나갑니다.
좋은 책을 펴내기 위해 많은 노력을 기울이고 있습니다. 혹시라도 내용상의 오류나 오탈자 등이 발견되면 **"좋은 책은 나라의 보배"**로서 우리 모두가 함께 만들어 간다는 마음으로 연락주시기 바랍니다. 수정 보완하여 더 나은 책이 되도록 최선을 다하겠습니다.
성안당은 늘 독자 여러분들의 소중한 의견을 기다리고 있습니다. 좋은 의견을 보내주시는 분께는 성안당 쇼핑몰의 포인트(3,000포인트)를 적립해 드립니다.
잘못 만들어진 책이나 부록 등이 파손된 경우에는 교환해 드립니다.

BREAK FRANCHISE

프랜차이즈 상식을 깨다

정명진 지음

외식업 프랜차이즈 창업 성공 비법

BM 성안당

Prologue

누가 <외식업 창업 + 프랜차이즈>는
망하는 지름길이라고 했던가?

수년째 계속되는 경기 침체에도 불구하고 사람들은 더는 회사에만 자신의 삶을 의탁하지 않는다. 자신만의 사업을 시작하고 가게를 차리고자 하는 꿈 많은 예비 창업가들이 늘어나고 있다. 퇴직 후 노후를 대비하기 위한 필수 과정처럼 여겨졌던 창업은 이제 20대 청년들부터 50대 중년을 넘어서도 나이나 사회적 지위와는 무관하게 패러다임이 바뀌고 있다.

꿈 많은 사람이 거리로 나왔다.

창업을 준비하는 사람들이 거리로 나왔다. 그들은 각종 푸드트럭부터 무점포 창업, 온라인 플랫폼 장사까지 다양한 방법으로 창업을 꿈꾼다. 창업은 곧 사업이다. 잘만하면 직장생활에서 매달 똑같은 월급을 받는 것보다 훨씬 많은 수익을 올릴 수 있다. 꿈이 없는 사람들은 요행을 바라며 복권을 사지만 꿈이 있는 사람들은 꿈을 이루기 위해 일을 벌인다.

창업에도 수많은 영역, 즉 창업의 대상이 되는 업종은 생각보다 매우 다양하다. 그래서 막연하게 창업 그 자체만을 꿈으로 여긴다면 무엇을 대상으로 어떻게 해야 할지 결정하기에 어려울 수 있다. 하지만 창업, 지피지기의 마음가짐으로 준비한다면 그리 어렵지도 않다.

외식업 프랜차이즈, 진짜 망할까?

가장 많은 사람이 선택하는 창업 업종은 역시 외식업이다. 사람들의 입맛을 사로잡고 맛있는 요리를 제공하는 것이 외식업이다. 그리고 이러한 외식업 창업에 성공하게 되면 자신만의 점포를 가맹점 형식으로 개설할 수도 있다. 반대로 이미 성공한 브랜드에 가맹해서 창업할 수도 있다. 이러한 경우를 모두 알다시피 '프랜차이즈(가맹점)' 창업이라고 한다. 우리가 잘 아는 유명한 치킨 브랜드, 피자 브랜드, 햄버거 브랜드 등 모두가 프랜차이즈의 대상이자 예시이다. 하지만 '외식업 창업 + 프랜차이즈'를 몇몇 사람들은 망하기 딱 좋은 창업의 예라고 매도하기도 한다. 이미 경쟁이 너무 치열한 데다가 우리나라에서 외식업 프랜차이즈는 과포화 상태라고 할 정도로 동일한 브랜드의 매장이 우후죽순으로 많아졌다고 생각하기 때문이다. 부인할 수는 없는 사실이지만 과연 정말 '외식업 창업 + 프랜차이즈'는 무조건 망할까? 망하는 게 사실이라면 왜 지금도 계속해서 새로운 프랜차이즈가 생겨나고 있는 것일까?

사람들의 선택에는 이유가 있다.

끝없이 외식업과 프랜차이즈가 사랑받는 이유는 그 선례에 '대박 신화'가 많이 있기 때문이다. 사람들은 바보가 아니다. 손해와 실패가 정해진 길이라면 누가 쉽게 걸을 수 있겠는가? 망하는 지름길이라며 내심 손가락질하지만, 한편으로 우리는 이미 알고 있다. 도전자가 많은 이유만큼이나 창업이 용이하고 성공의 선례가 많다는 사실을 말이다. 나의 경우만 해도 험난한 피자 브랜드 시장에서 '유로코피자'를 당당히 성공하게 했다. 전국 각지의 많은 프랜차이즈 가맹점들이 열심히 일궈온 성공을 대변하고 있다.

복권을 사지 않으면 1등에 당첨될 수 없다.

창업에 있어서 불가능한 것은 없다. 남들이 실패할 거라며 부정적인 평가를 하더라도 실제로 그 뚜껑을 열어보기 전까지는 실패할지, 성공할지 아무도 알 수 없다. 월급쟁이가 아닌 많은 수익을 벌어들이는 사람이 되고 싶다고 상상하면서 정작 아무 일도 벌이지 않는다면 현실은 바뀌는 것이 없다. 창업은 곧 도전이다. 실패의 위험만큼이나 성공의 가능성도 공존하는 영역이 바로 창업이다. 그중에서도 수많은 가게가 성공하고 실패하는 외식업은 더욱 다이나믹하다. 매일 삼시 세끼를 챙겨 먹는 사람들이 있는 한 외식업은 꺼지지 않는 불꽃이다. 사람들의 식사는 멈추지 않기 때문이다.

성공의 대표적인 사례로 여겨지는 유명 외식업 프랜차이즈를 떠올려보자. 이미 외식업은 오래전부터 경쟁이 치열했기에 그들이 창업하던 초창기에도 성공보다는 실패를 점쳤을 사람이 많았을 것이다. 그럼에도 불구하고 누군가는 창업을 시작했다. 그래서 성공도 얻을 수 있었다. 행동하지 않으면 아무것도 일어나지 않는다. 대박 신화의 성공도 마찬가지다.

Nothing is impossible!

나는 창업의 영역을 먼저 걸어보았고, 실제로 프랜차이즈 사업에 성공하며 많은 가맹점을 개설해본 창업주로서 예비 창업가들에게 용기를 주고 싶다. '외식업 창업 + 프랜차이즈'는 분명 어렵지만 누구나 성공할 수 있는 무제한의 영역이기도 하다. 그래서 실패의 가능성을 낮추기 위해 창업 전에 알아두면 좋은 사항들을 모두 알려주고자 한다. 어떤 마음가짐으로 창업에 임해야 하는지, 마케팅은 어떻게 진행해야 하는지, 시스템화는 무엇이고 어떻게 도입해야 하는지 등에 관해 모호하고 낯선 개념과 항목들을 쉽게 설명해주고자 한다. 이 글을 통해서 창업을 꿈꾸는 예비 창업가들이 성공에 더 가까이 다가가길 바란다. Nothing is impossible!(불가능한 것은 없다) 이 책을 펼친 순간 이미 당신의 창업 여정은 시작되었다.

유로코피자 대표 정명진

Contents

외식업 프랜차이즈 창업 성공 비법

BREAK FRANCHIS

프랜차이즈
상식을 깨다

외식업 프랜차이즈 창업 성공 비법

[나의 스토리]

가난, 꿈 그리고
현실 가능성

실패를 두려워하지 마라. 내가 성공하리라는 것을 의심하지 말자. 실패 또한 성공으로
가는 과정일 뿐이다. 그 길의 끝에 당신을 이끌어주는 최고의 경험이 존재한다.

01

힙합 정신, 고딩 정명진

힙합과 창업의 상관관계

내 인생을 간략하게 설명하자면 '힙합'과 '창업'이다. 비유하자면 힙합과 창업은 내 인생을 이끌어온 두 개의 수레바퀴라고 할 수 있다. 바퀴가 하나뿐인 수레가 앞으로 갈 수 없는 것처럼 힙합과 창업 가운데 하나를 빼고는 내 인생을 설명할 수 없다. 그만큼 내게 있어 힙합과 창업은 떼려야 뗄 수 없는 불가분의 관계다.

사람들을 만나 이런 이야기를 하면 대부분 의아하다는 표정이다. 반문하는 사람도 적지 않다. 그 마음을 충분히 이해할 수 있다. 마구 뒤섞인 단어카드에서 무작위로 뽑은 것 같이 힙합과 창업은 누가 보아도 어울리지 않는 괴상한 조합이다. 힙합과 창업, 언뜻 보면 전혀 관계가 없어 보이는 이 두 단어가 어떻게 내 인생을 대표하게 되었을까? 그 질문에 대한 답으로 이야기를 시작하려고 한다.

'스웨그'(swag), 힙합에서 자주 쓰이는 말이다. 힙합에 대해 잘 알지 못하는 사람도 익히 들어보았을 스웨그는 힙합 뮤지션의 '자유분방함', '여유와 멋'을 의미하는 말로 쓰인다. 나에게도 스웨그가 있다. 그것은 바로 '도전'이다. 잘하는 것 하나 없던 학창시절, 힙합에 눈뜬 그 날부터 '나도 할 수 있다'는 믿음으로 하루하루를 살아왔다. 숱한 실패 속에서도 끊임없이 도전할 수 있었던 힘은 힙합 정신에 있었다. 그래서 창업을 말하기에 앞서 언제나 내게 큰 영향을 준 힙합에 대해 먼저 말하곤 한다.

의심의 여지 없이 '도전한다'는 것이 참 어려운 시대다. 나아질 기미가 보이지 않는 경제 상황과 최악의 실업난 속에서 '도전하라'는 메시지는 자칫 공허한 메아리처럼 들릴 수도 있다. 하지만 분명히 말할 수 있다.

그럼에도 불구하고 우리는 도전해야 한다. 불가능해 보일지라도 할 수 있다는 희망을 품어야 한다.

공부 머리라고는 전혀 없었던 내가 힙합을 알게 되고 도전하고 세상으로 나아가 창업으로 성공을 거둔 것처럼 도전하면 할 수 있다는 확신을 품고 책장을 넘겨야 한다. 그렇지 않으면 이 책은 무용지물이 될 것이다.

창업에는 많은 것이 필요하다. 그중에서도 가장 중요한 것은 도전하겠다는 스스로의 강한 의지다. 그것이 없으면 아무것도 시작할 수 없다. 나의 창업은 힙합에서 시작됐고, 힙합과 창업은 도전의 또 다른 이름이었다.

어머니의 굴비 장사를 바라보며 키운 꿈

나의 십 대는 비릿한 냄새가 희미하게 배어 나오는 잿빛으로 기억된다. 꽤 오랜 시간 그런 모습이었다. 지금도 눈을 감으면 그 냄새도 잿빛도 선명하게 떠오른다. 집에서는 언제나 굴비 냄새가 났다. 아버지가 작은 회사에 다니기는 했지만, 가정 형편으로 인해 어머니까지 장사에 나서야 했다. 아침 일찍 일터로 나가는 부모님을 보며 이를 악물고 공부를 했었으면 좋으련만, 그렇게 못했다. 공부에 아무런 흥미도 없었다. 반에서 40명 중 38등, 해도 해도 아주 못했다. 이러니 대학에 가는 것은 기대조차 못했다. 그렇다고 해서 친하게 지내는 친구나 어울려 다니는 무리가 있는 것도 아니었다. 특별히 노는 것을 좋아하지도 않았다.

존재감 없이 단지 조용히 학교와 집을 오가는, '아웃사이더'와 같았다. 학교에서 집으로 돌아오면 아무도 없는 방 안에 굴비 냄새만 떠돌았다. 지금 생각해보면 그때의 짙은 굴비 냄새는 지금의 나를 존재하게 하는 중요한 배경이었다. 그렇게 세상은 내게 좀처럼 곁을 내주지 않았다. 똑똑하거나 배경이 좋아야 성공하는 세상에서 공부도 못하고 가난하기조차 한 내가 낄 자리는 없었다. 무엇을 해야 할지 깜깜하고 막막했으며, 세상 어디에도 내가 있을 자리는 없는 것 같았다.

나만 할 수 있는 새로운 일이 있었으면 좋겠다. 하지만 그게 무엇일까?

이렇다 할 해답을 찾지 못한 채 고민은 점점 깊어 갔고, 시간은 무작정 흘러갔다. 공부에 전혀 관심 없는 내게 수업 시간은 공상하기에 가장 좋았다. 늘 새로운 것, 남들이 하지 않는 것, 나만 할 수 있는 것을 찾던 내가 공상을 즐기는 건 어쩌면 당연했다. 원하는 것을 현실에서는 이룰 수 없다고 포기했으니 말이다. 공상 속에서는 못할 것이 없었다. 하고 싶었던 일, 되고 싶었던 것, 갖고 싶었던 것들을 떠올리는 마냥 행복한 시간이었다. 그뿐만 아니라 공상은 가난하고 공부도 못하는 내 상황을 잠시나마 잊을 수 있게 해주었다. 그래서 점점 더 공상에 빠져들었다.

그런데 터무니없던 공상들을 반복하다 보니 그것들이 더욱 구체적이고 생생한 장면으로 바뀌기 시작했다. 그렇게 공상을 통해 원하는 바를 어렴풋이 알게 되었고, 그 길로 나아갈 수 있는 현실적인 방법들을 조금씩 찾아보았다. 그렇게 좋아하는 것들을 떠올리고 또 떠올리며 내 안에 숨겨진 또 다른 자신을 발견하는 과정은 인생의 방향을 바꾸는 터닝 포인트가 되었다.

음악에 재능 있던 시절

숱한 공상 끝에 확실하게 알게 된 것은 뭔가를 만들어내는 것에 내가 무척이나 관심이 많다는 사실이었다. 그것은 세상에 없던 것을 만들어내는 것, 정해진 형식 없이 독창적으로 만들 수 있는 것으로 세상에 단 하나뿐인 것, 그래서 더욱 가치 있는 것이었다. 보다 구체적으로 '예술'이라고 부르는 것에 매력을 느꼈다. 예술의 종류는 글이나 그림, 춤이나 몸짓, 행위에 이르기까지 아주 다양한데 그중에서도 나를 사로잡은 분야는 음악이었다. 음악 가운데서도 목소리만으로 멋진 결과물을 만들어낼 수 있는 노래에 사로잡혔다. 혼자 있는 시간이 많았던 나는 적막한 시간을 내 목소리로 조금씩 채워갔다. 흥얼거리던 콧노래에 가사를 붙이면 그게 바로 노래이고, 음악이었다.

생애 처음으로 즐거운 일을 찾고 틈날 때마다 노래를 부르며 내 안에 숨어있던 음악적 재능을 발견했다. 못하니까 재미가 없고, 재미가 없어서 더 하지 않게 되고, 그러다 보니 계속 못하게 된 공부와는 반대로 노래는 곧잘 하니까 즐겁고, 즐거우니까 계속하게 되고, 계속하니까 더 잘하게 되었다. 하면 할수록 실력이 늘어가는 재미에 푹 빠져 나는 피곤함도 잊은 채 밤낮으로 노래를 듣고 불렀다. 잿빛이었던 내 세계도 여러 가지 색깔로 조금씩 물들어갔다.

얼마 후, 좋아하는 음악 장르가 생겼다. '힙합'이었다. 지금은 아주 대중적인 장르가 되어 많은 사람에게 잘 알려진 힙합은 1970년대 미국에서 가난과 폭력, 인종차별에 시달리던 사회적 약자들이 자신의 삶을 있는 그대로 드러내고 저항 정신을 표출하기 위해 개척한 장르다. 힙합을 접하게 된 나는 힙합 특유의 비트와 삶의 애환을 담은 가사에 강한 끌림을 느꼈다. 무엇보다 별 볼 일 없다고 여겼던 나의 인생이 음악이 되고 예술이 될 수 있다는 점이 마음에 들었다.

힙합을 할 때는 아무것도 숨길 필요가 없었다. 집안 가득 밴 굴비 냄새도, 아침 일찍 시장에 나가는 엄마의 뒷모습도, 가난한 우리 집도, 공부 못하는 나도 힙합에서는 감춰야 할 치부가 아니라 들려줄 수 있는 이야기였다. 모든 것을 솔직하게 있는 그대로 진솔하게 드러낼 수 있다는 것이 바로 힙합의 큰 매력이었다.

쌓여있던 나의 울분과 슬픔, 분노를 힙합에 담아 세상에 마구 내뱉었다.

뜻대로 되지 않는 세상, 그 속에서 질풍노도의 사춘기를 지나던 내게 힙합은 세상을 향해 날리는 내 나름의 '한방'이었다. 내 속에 있는 말들을 거침없이 뱉어내는 일이 처음에는 어려웠지만 몇 번 반복하다 보니 점점 편하게 느껴졌다.

꾸밈없는 내 모습 그대로도 좋은 음악, 젠체하거나 잘난 척하는 게 아니라 살아오면서 느꼈던 감정을 털어놓을 수 있는 힙합을 하며 결국 느낀 것은 해방감이었다. 있는 힘껏 내지른 '한 방'이 제대로 먹혀든 것 같은 해방감, 억압되어 있었던 분노와 슬픔을 공책 가득 가사로 쓰고 비트에 맞춰 읊고 난 다음에야 내 안에는 비로소 다른 감정이 들어갈 수 있는 여유가 생겨났다.

그렇게 자신의 모습을 똑바로 바라볼 수 있게 되었고 처한 현실도 마주할 수 있었다. 현실을 바라볼 자신이 없어 상상 속으로 도망치기만 하던 내가 힙합을 하면서 현실을 직시하게 되었다. 그뿐만 아니라 스스로를 표현하는 능력, 세상에 나를 외칠 수 있는 자신감도 조금씩 찾아갔다. 자신을 긍정하고 상황을 있는 그대로 받아들이는 방법도 배웠다. 아무도 들어주지 않던 내 이야기를 많은 사람 앞에서 하고 싶다는 생각이 든 것도 이 무렵이었다.

얼마 후, 큰 무대에서 노래를 해봐야겠다고 생각했다. 이왕 할 거라면 학교나 동네가 아닌 큰 무대에서 더 넓은 세상을 향해 내 이야기를 하고 싶었다. 바로 그때 '대전 MBC 동아학생가요제' 참가자 모집 공고가 눈에 들어왔다. 주저 없이 참가자 명단에 이름을 올렸는데 대략 2천여 팀 정도가 되었다. 나는 가요제에 나가기 위해 맹연습을 시작했다. 시장에 나가는 어머니보다 일찍 일어나고 그 시장에서 밤늦게 돌아오는 어머니보다 더 늦게

잠드는 날이 이어졌다. 목표가 생기고 목표를 위해 밤낮으로 노력하다 보니 그동안 어머니가 견뎌왔을 역경의 시간이 떠올랐다. 절대 뜻을 굽히지 않겠다는 의미에서 지어진 '굴비'처럼 어머니는 힘겨운 세상 풍파에도 꿋꿋이 당신의 길을 걸어왔다. 그런데 나는 가난해서 다른 집 애들은 다 하는 것도 못하게 한다고 툴툴거리고, 굴비 냄새가 싫다고 이사 가자고 졸랐던 철없음에 눈물이 났다. 그런 어머니의 사랑을 나는 평생 이해하기 어려울지도 모른다. 그런 부모님께 오랜 시간 나는 한없이 모자라고 딱히 내세울 것 없는 아들이었다.

하지만 지금은 다르다. 음악이 있었고 그 세계를 알게 된 후 밤낮없이 치열하게 매달리며 자신을 갈고닦았다. 지금까지 최선을 다하고 싶은 것을 만나지 못했던 것일 뿐, 잘하는 것이 아무것도 없는 사람은 아니었다. 좋아하는 일이라면 누구보다 치열하게 해내는 근성이 있었다. 그리고 이번에 야말로 한번 제대로 나의 모든 것을 걸어보고 싶은 목표를 만났다. 공부에는 소질이 없지만, 음악만큼은 멋지게 해내고 싶은 목표를 만난 것이다.

나도 한다면 하는 놈이다!

무대 위에서 멋지게 노래하는 모습을 어머니께 보여드리겠다는 마음으로 더욱 열심히 노래를 불렀다. 예선부터 본선에 이르기까지 스스로에게 부끄럽지 않은 노래를 선보이자는 결심 하나로 무대에 섰다. 세상을 향해 목청껏 노래를 부르고 있는 나의 마음은 '어머니께 부끄럽지 않은 아들이 되겠다'는 생각으로 가득했다.

결과는 은상이었다. 수상까지는 예상치 못했는데 아주 좋은 결과를 얻었다. 수상자 이름이 발표된 후에도 꿈은 아닐까 어안이 벙벙했다. 내 이름이 불리고 무대에 나가 은상을 건네받는 동안 축포처럼 카메라 플래시가 터지자 현실로 다가왔고 실감이 났다. 사람들의 박수 소리가 귓전을 울렸다. 누구보다 기뻐하실 어머니의 얼굴이 떠올랐다. 그 순간에도 시장에서 굴비를 팔고 있을 어머니에게 나의 수상 소식이 고단한 당신의 어깨를 잠시나마 달랠 수 있기를 진심으로 바랐다.

상상이 현실이 되다

내 인생 첫 도전에서 은상이라는 성과를 낼 수 있게 한 것은 '상상'이었다. 가요제를 준비하면서 매일 같이 무대 위에서 자신이 만족할 만한 노래를 부르는 나 자신을 꿈꿨다. 힙합에 빠지고, 힙합을 듣는 데에 그치지 않고 직접 힙합을 하는 나를 상상한 것이다. 상상의 힘은 아주 강력했다. 생생하게 떠올리면 떠올릴수록 나는 더더욱 음악에 몰입했고, 열정 하나로 목표를 향해 달릴 수 있었다. 물론 도전만으로도 충분히 의미 있는 경험이었다. 그러나 상상의 힘을 최고로 발휘해 내 능력으로 얻어낸 수상은 자신의 성취감과 자존감을 단숨에 훌쩍 자라게 했다. 그저 그런 경험이 아닌 인생의 방향을 바꾸어놓을 만큼 강력한 경험, 즉 '최고의 경험'(top experience)은 스스로에 대한 확신을 바탕으로 도전을 이어나갈 수 있게 하는 원동력이 된다. 그런 의미에서 내 인생 최고의 경험은 가요제에서 은상을 받은 것이다.

'간절히 원하면 이룰 수 있다'는 사실을 머리로만 아는 것과 경험으로 아는 것은 확실히 달랐다. 열정과 도전을 통해 꿈꾸던 결과물을 얻어 본 사람에게는 그만한 자신감이 생겨난다. 그럴 만한 능력과 자질이 내게 있다는 자신감, 앞으로도 원하는 것을 해낼 수 있다는 자신감, 그런 자신감이 생겨나면 현실화되는 것은 시간 문제일 뿐이다.

공부보다는 좋아하는 일에 모든 것을 걸었고, 좋아하는 일이기 때문에 흥미를 느꼈고, 더 나아가 재능까지 있다는 사실을 나는 알게 되었다. 그렇게 자신이 원하는 것을 얻는 방법을 일찍 깨달았다. 지금도 무언가에 도전해야 할 순간이 되면 그때를 떠올린다. 내가 좋아하는 것을 찾았을 때 그것을 잘하기 위해 치열하게 고민하고, 새로운 것을 시도하기 위해 밤을 지새우고, 결과를 만들기 위해 끊임없이 도전했던 그때 말이다. 지금껏 시대의 흐름에 휩쓸리지 않고 굳건히 내 길을 걸을 수 있었던 것도 상상으로 이뤄낸 강렬한 도전의 기억 덕택이다. 그래서 나는 오늘도 치열하게 새로운 것을 끊임없이 찾아다닌다. 힙합 세계에 발을 들이면서부터 몸에 밴 습관 같은 삶의 방식이다.

도전과 성공으로 가는 첫걸음은 긍정적으로 생각하는 것이다. '내가 할 수 있을까? 실패하면 어쩌지?' 이런 마음가짐으로는 시작조차 할 수 없다. 위대한 성취의 시작은 '나는 할 수 있다! 내게는 그런 능력이 있다!'라는 작은 긍정적 사고 하나, 그것으로부터 뻗어 나간다.

긍정적인 사고로 자기 확신과 자신감을 단단히 다졌다면 상상하기 단계로 넘어간다. 상상하는 방법은 여러 가지가 있겠지만 내가 자주 쓰는 방법은 마인드맵이다. 말 그대로 지도를 그리듯이 생각을 이미지로 떠올려보는 것이다. 이때 생각이 생생하면 생생할수록 꿈에 더 가까이 다가갈 수 있다. 이미 내가 원하는 모든 것을 얻은 것처럼 생각하라. 생각은 행동이 되고, 행동이 모여 곧 성공이 된다.

기억하자, 모든 시작은 생생한 상상이다.

R = VD(Realization = Vivid Dream)

<꿈꾸는 다락방>(국일미디어) 저자 이지성은 "생생하게 꿈꾸면 이룰 수 있다"고 말한다. 당연한 이야기지만, 열망이 있다고 모든 이들이 결실을 맺거나 삶을 변화로 이끄는 것은 아니다. '열정만 있으면 뭐든지 해낼 수 있다'는 뻔한 이야기를 우리는 너무 많이 들어왔다. 그러나 열정만으로 반드시 좋은 결과를 낼 수 없다는 것 또한 우리는 너무 잘알고 있다. 여기서 분명한 것은 생각하고 꿈을 꿀 수 있어야 이룰 수 있다는 것이다. 이때 '내'가 중심이 되어야 한다. 남들이 가는 길을 그저 따라가거나 무턱대고 열정을 불태워봐야 아무것도 이룰 수 없다. 자신이 원하지 않는 일이나 행복하지 않는 일에 노력을 쏟아봐야 돌아오는 것은 후회뿐이다.

나는 내 자신이 준비가 됐다고 확신했을 때 가요제에 도전했고 은상을 받을 수 있었다. 음악적인 재능이 있었고 그 직감은 들어맞았다. 이러한 경험이 창업으로 자그마한 성공을 이루고 있는 지금의 나를 만들었다. 지금의 내가 자부심을 충분히 가질 수 있는 이유는 분명하다. 내게는 자랑스러운 학교성적표는 없지만, 치열하게 고민한 시간과 끊임없이 도전한 경험이 있다. 그때 그 시간의 힘을 지금까지도 내 삶으로 증명해내고 있기 때문이다.

어린 날의 내가 그러했듯 자신이 좋아하는 것을 분명히 알고 열정과 노력으로 능력을 갈고닦은 후에 세상으로 향하는 문을 두드려야 한다. 단순히 '두드리면 열리는' 것이 아니라, 어떤 문인지 알고 만반의 준비를 한 뒤에 문을 두드려야 제대로 문을 열 수 있다. 그래야 뒤를 돌아보지 않을 수 있다. 실패를 두려워하지 말자. 절실하게 원하는 일에 최선을 다했음에도 잘 풀리지 않는 경우가 부지기수다. 하지만 엎어지는 것도 인생의 선물이다. 실패했을지언정 도전해 본 사람과 그렇지 않은 사람은 분명 다르다. 해보지 않으면 실패조차 할 수 없다. 결과와 상관없이 진정 원하는 일에 최선을 다해봤다면, 그것만으로 큰 수확이다. 그 경험이 힘이 되는 순간이 반드시 온다.

그러니 실패를 두려워하지 말고 도전하자. 그리고 도전에 앞서 치열하게 고민하고 상상하자. 그 시간 속에서 성장하는 자신을 느껴보자. 성공의 열쇠는 이미 당신 안에 있다. 당신이 꿈꾸고 노력하는 바로 그 시간과 경험 속에 있다.

02
스무 살, 꿈과 현실의 구분

가요제 수상과 대학 장학금

모노톤으로 기억되던 내 어린 삶을 바꿔놓은 힙합이라는 색깔, 그 색깔은 너무도 진하고 강렬했다. 짙은 그 색깔을 만난 뒤 내 머리와 가슴은 힙합으로 가득했다. 멋진 힙합을 만드는 꿈, 그 음악을 무대에서 선보이는 꿈, 뮤직비디오를 만드는 꿈을 꾸었다. 힙합을 듣고 온몸으로 느끼며 삶을 채워갔다. 마치 선글라스를 끼고 세상을 보듯이 나는 힙합으로 세상을 바라보고 있었다. 그렇게 점점 커진 힙합에 대한 열정은 어느 순간 표현하지 않고서는 안 될 정도로 거대해져 나를 무대 위로 이끌었다. 내 인생 최고의 경험(top experience)이 탄생하는 순간이었다. 최고의 경험, 즉 인생을 바꿀 만큼의 파급력을 지닌 경험이다. 길든 짧든 인생을 살아오면서 최고의 경험이라고 말할 만한 기억을 가지고 있다면 그것이 그 사람의 최고의 경험이다.

그러나 좋았던 기억이 전부 최고의 경험이 될 수는 없다. 최고의 경험은 주관적인 경험이 아닌 객관적인 경험에 가깝기 때문이다. 여러분이 어떤 일에서 남들이 인정할 만한 성과를 거뒀다면 그것은 최고의 경험이 될 수 있다. 하지만 단순히 자기만족으로 그쳤다면, 그것은 최고의 경험이라 말할 수 없다. 예를 들어, 내가 힙합에 빠져 방에서 노래를 듣고 부르며 느꼈던 만족감이 아니라, 무대에서 노래하고 은상을 받으면서 느꼈던 만족감이 최고의 경험이라고 말할 수 있다.

이처럼 대회에서 수상을 하거나 전교 10등 안에 들어본 경험처럼 스스로 어렵다고 생각한 일을 노력을 통해 해낸 경험이 바로 최고의 경험이다. 그렇다고 해서 상이나 성적표처럼 반드시 결과물이 있어야 하는 것은 아니다. '객관적'이라는 단어의 뜻 그대로 제삼자에게 인정을 받은 경험, 그것으로 충분하다.

나에게 학교는 최고의 경험을 만들 수 있는 적절한 장소가 아니었다. 하지만 장소를 조금 바꿔보니 최고의 경험이 주어졌다. 축구선수는 필드 위에서 자신의 역량을 가장 잘 발휘한다. 그렇기에 자신이 최선을 다할 수 있는 필드를 찾는 것은 무엇보다 중요하다.

물론 가요제에서 수상한 것은 나뿐만이 아니다. 누군가는 그건 자랑할 만한 성취가 아니라고 말할 수도 있고, 다른 사람들의 성취에 비하면 별것 아니라고 생각할 수도 있다. 그러나 나에게 있어 수상 경험은 삶을 살아가는 자세를 바꿔놓았을 뿐만 아니라 내가 처했던 현실까지 한 번에 뒤바꿔 놓았다.

대학 문턱에도 가지 못할 만큼 공부를 못했던 내가 수상 실적을 인정받아 대학교에, 그것도 장학금을 받고 들어갈 수 있었다. 공부도 공부지만 가정 형편이 어려워 대학교 진학은 꿈조차 꿀 수 없었던 내가 최고의 경험을 거쳐 인생의 새로운 기회까지 얻게 된 것은 도전이 내게 준 또 다른 행운이었다. 은상을 받은 것도 기대 이상의 결과였지만 이를 발판삼아 대학까지 가게 될 줄은 정말 꿈에도 몰랐으니 말이다.

고등학교 졸업 후에도 음악을 계속할 수 있다는 희망에 젖어 매일매일 꿈을 꾸는 기분이었다. 대학 입시를 위해 공부하는 친구들 틈에서 나는 태어나 처음으로 의기양양했다. 자유롭게 살아도 된다는 허락을 받기라도 한 것처럼 뮤지션으로서의 밝은 미래를 꿈꿨다. 마음만은 벌써 여느 뮤지션 못지않았다. 대학 입학이 결정된 후로 내 눈을 덮은 셀로판지의 색은 더욱 짙어졌다. 힙합에 관한 것이 아니면 눈에 담지 않고, 음악 외에 그 무엇도 눈에 차지 않는 아마추어 힙합 뮤지션. 그게 당시 내 모습이었다.

현실과 이상을 빠르게 구분할 줄 알았던 스무 살

현실의 벽은 예상외로 빨리 다가왔다. 대학교에 진학해 힙합 뮤지션이 되기만 하면 세상을 다 가진 듯 행복할 줄 알았지만, 현실은 그렇지 않았다. 대학에서 나와 비슷한 길을 가려는 사람들을 만나보니 세상에는 재능이 탁월한 사람도, 음악으로 돈을 벌지 않아도 먹고살 만큼 풍족한 사람도 참 많았다.

그들에 비하면 내 재능은 그저 그런 수준에 불과했고 형편 역시 여의치 않았다. 장학금이 아니었다면 애초에 대학에 진학할 수조차 없었을 테니, 대학에서 음악공부를 하는 지금 이 상황만 해도 나에게는 행운이었다. 하지만 언제까지 그런 운을 바랄 수 있을까? 언젠가는 재능으로 무장한 쟁쟁

한 실력자들과 견주어도 모자람 없는 실력을 갖춰야 할 것이다. 내가 처한 현실을 냉철하게 떠올려보았다. 계속 대학을 다닌다면 적어도 학비 걱정은 없이 졸업할 수는 있었다. 하지만 학교를 무사히 마친다고 해도 '그다음은 어떻게될까? 계속 힙합의 길을 가야 할까? 돈은? 먹고는 살아야 할 텐데, 사회에 나가서도 계속 노래만 부르며 행복할 수 있을까?'라는 생각에 눈앞이 깜깜하기도 했다.

최대한 긍정적으로 생각해보면 내가 뮤지션으로 성공할 가능성이 없는 것은 아니었다. 가요제에서 은상을 받았듯이 약간의 운만 따라준다면 오히려 쉽게 풀릴 수도 있지 않았을까? 당장 성공하지 않아도 좋아하는 일을 꾸준히 치열하게 한다면 언젠가는 난다 긴다 하는 일류 뮤지션이 되어 있을지도 모르지 않은가? 그러나 대학 생활을 하며 다른 건 몰라도 예술의 영역에서는 피나는 노력이 타고난 재능을 이기기는 어렵다는 것을 알아버린 내게 일류 뮤지션은 허황된 꿈처럼 느껴졌다.

타고난 재능을 뛰어넘는 것은 노력이나 상상력의 문제가 아니었다. 평범한 재능을 가진 범재가 음악을 잘 이해하고 무수히 연습한다 해도 타고난 이들이 본능적으로 표현해내는 음악을 따라갈 수는 없었다. 그것은 배운다고 알 수 있는 것도, 따라 한다고 내 것이 될 수 있는 것도 아니었다. 죽어라 하면 될지도 모르겠다. 하지만 모차르트를 질투한 살리에리가 평생 모차르트의 그늘에서 벗어나지 못했듯 범재가 천재를 따라잡는 일은 결코 불가능할 일이었다. 천재와 범재 사이에 자리한, 그 어떤 걸로도 메울 수 없는 깊은 간극 앞에서 나는 처음으로 좌절을 맛보았다.

음악을, 그중에서도 힙합을 나는 참 좋아했다. 힙합을 알게 된 후로 미련스러울 만큼 오로지 한길만 걸어온 나였다. 음악만 하며 평생을 살아도 행복하겠다고 생각한 순간도 있었다. 이쪽 방면으로 탁월한 사람을 뛰어넘기는 어렵겠지만 나름의 노력을 하면 내 음악은 점점 더 나아질 거고, 운이 좋으면 크게 성공할 수도 있을 것이었다. 하지만 그것은 철없는 풋내기의 막연한 이상일 뿐, 이제 현실로 돌아올 시간이었다. 음악을 하더라도 일단은 돈이 필요했다. 무슨 선택을 하든 지금 내 상황에서는 일을 해서 돈을 버는 것이 먼저였다.

내가 계속 음악을 하는 상상을 해보았다. 지극히 현실적으로, 일단 프로가 되겠다고 마음먹으면 음악은 더는 내 즐거움이 되지 못할 것이다. 음악이 밥벌이가 되고 직업이 되는 프로의 세계에 발을 들이려면 지금과는 차원이 다른 노력과 인내가 필요했다. 그렇게 되면 나는 선택이 아닌 '필요'에 의해 음악을 해야 한다. 하기 싫은 작업도 필요하다면 받아들일 수 있어야 할 테고 내 음악을 하지 못하게 되어도 필요하다면 음악을 돈으로 생각해야 할 것이다. 나는 노래하는 기계가 아니라 먹고 입고 자야 하는 사람이니까, 돈 없이 음악만으로 살 수는 없었다.

그것이 내가 원하는 삶일까? 아니, 결코 아니었다. 내가 원하는 삶은 그런 게 아니었다. 그렇게 내 인생의 즐거움 하나를 잃고 돈에 허덕이며 살고 싶지는 않았다. 힙합의 길을 가지 않는다고 해서 음악과 완전히 담을 쌓고 지내지는 않을 테니 차라리 음악을 좋아하는 것으로 남겨두고 돈을 벌 수 있는 다른 일을 하는 것이 나 자신에게도 좋은 일이라는 생각이 들었다. 음악으로 인정받는 것, 그것은 내가 줄곧 원해왔던 것이지만 여기까지였다. 내 인생을 바꿔준 최고의 경험 하나를 음악에서 얻었으니 더 바랄 게 없었다. 후회 없을 만큼 최선을 다했고 나름의 성과도 얻었다. 이 이상은 내가 생각하기에도 욕심이었다.

어머니의 뒷모습과 굴비 냄새가 다시금 떠올랐다. 눈앞을 가리던 셀로 판지가 사라지고 세상의 색깔이 변했다. 그제야 변변한 장비 하나 없이 음악을 하겠다고 아등바등하는 내 모습이 보였다. 나도 어른이 되었으니 가정형편을 생각하지 않을 수 없었다. 어머니 어깨에 얹어진 무거운 짐을 이제는 내가 덜어드려야 했다. 재능이 넘치는 사람들도 성공을 확신할 수 없는 예술의 세계에서 그 언젠가 성공할 날을 기다리며 음악만을 할 수는 없었다. 먼 곳에 있는 이상보다 당장 눈앞에 닥친 현실이 내게는 더 중요 했다. 나는 자퇴서를 내고 군대에 가기로 했다. 서두르지 않고 더없이 차 분하게 할 수 있는 것, 해야 하는 것부터 하나씩 천천히 해나갈 계획이었 다. 긴 방황의 끝에서 나는 이상이 아닌 현실 쪽으로 뒤돌아보지 않고 걸 어나갔다.

03

군대에서 갈고닦은 외식 창업 지식

군대 생활, 새벽 2시 전엔 잠들지 않는다

입대 날짜가 정해졌다. 마음의 준비를 하고 있었던 터라 담담했다. 어머니에게 입대 소식을 전하고 훈련소까지 갈 교통편을 예매했다. 나의 만류에도 불구하고 어머니는 아들이 입대하는 모습을 꼭 보고 싶어 했다. 그렇게 입대 당일, 아침 일찍 머리를 짧게 깎고 어머니와 함께 훈련소로 향했다. 훈련소로 가는 내내 어머니는 내 손을 잡고 있었다. 어머니의 손을 잡아본 지가 언제였던지 기억도 나지 않았다. 내가 자란 만큼 늙은 어머니를 안아드리고 떨어지지 않는 발걸음을 애써 옮겼다. 훈련소에서 마지막으로 본 어머니의 눈시울은 젖어있었다. 내색 한 번 하지 않았지만, 그 누구보다 아들이 걱정될 당신이었다. 주먹을 꾹 쥐고 어머니를 위해서라도 건강하게 돌아가자고 자신에게 당부했다.

정신없이 몇 주가 흘렀다. 그 사이 나는 훈련병에서 이등병이 되었다.

제대할 때까지 있게 될 부대에 배치도 받았다. 이제부터가 본격적인 군 생활이었다. 속된 말로 '군대에서 썩는다'고 말한다. 군대란 그렇다 할 소 득 없이 그저 시간만 보내고 오는 곳이라는 인식에서 나온 표현이다. 실 제로 적지 않은 남자들이 군대에서 '썩다가' 사회로 나온다. 매일 같이 빡 빡한 일과를 소화하고 나면 자기계발이고 뭐고 잠잘 시간조차 부족하니 당연한 일이었다.

하지만 나는 절실했다. 절실하게 갈 길을 찾아야 했다. 대학교를 자퇴한 후 무엇을 해야할지 아직 마음을 다잡지 못했다. 하루빨리 갈 길을 정하고 나 자신을 갈고닦아야 했다. 그러기 위해서는 군대에 있는 지금 이 시간도 허투루 흘려보낼 수 없었다. 남들은 썩고 나온다는 2년, 그 2년을 내 인생 의 두 번째 터닝포인트로 만들어야 했다. 시간이 날 때마다 치열하게 고민 했다. 생각하다 아침이 밝은 적도 있었다. 그만큼 나의 고민은 깊었다. '앞 으로 무엇을 할 것인가?' 그것이 당시 나의 화두였다. 지난날을 곰곰이 돌 이켜보면서 나에게 집중했다.

굴비 그리고 어머니

나는 어머니가 줄곧 해오던 굴비 장사를 떠올렸다. 내가 가장 가까이에서 지켜봐 온 일, 최초로 기억하는 창업은 어머니의 굴비 장사였다. 어쩌면 여 기에 답이 있지 않을까? 어머니의 굴비 가게를 떠올리니 내가 가야 할 길 이 비로소 보였다. 창업이었다. 어린 시절부터 장사를 보고 자랐으니 내 장 사를 해보고 싶은 욕심이 생겼다. 창업해서 내가 원하는 곳에 자리를 잡고,

원하는 공간에서 원하는 것을 팔자, 상상만으로도 가슴이 설렜다.

목표가 정해졌으니 이제 남은 일은 준비뿐이었다. 군대에 있는 동안 창업에 관한 책이나 성공한 사람들의 자서전을 읽으며 사업가의 마인드를 익히기로 했다. 성공한 사업가가 될 내 모습을 생생하게 떠올리는 일도 잊지 않았다. 꿈을 이루기 위해서 단 하나의 '철칙'을 마음에 새기고 또 새겼다. '새벽 2시 전엔 잠들지 않는다!' 절대 깨어져서는 안 될 무쇠와 같이 굳건한 규칙, 스스로 정한 철칙이었다.

수백 권의 독서로 키운 사업 열정

창업을 하겠다는 포부는 있었지만, 아직 모르는 것이 많았다. 군대로 치자면 아직 이등병 수준에 불과했다. 군대에서 이등병은 부대 일이 어떻게 돌아가는지 모르는, 그야말로 '햇병아리'다. 그래서 선임들이 일과를 다 끝냈는지 일일이 확인한다. 이등병은 모르는 것이 많아서 무엇을 했고 무엇을 하지 않았는지, 무엇을 왜 해야 하는지를 알기 위해서다. 이런 과정을 여러 차례 거쳐야 이등병도 스스로 일을 찾아서 할 수 있게 된다.

당연한 이야기다. 이등병은 처음이니까 알래야 알 수 없는 것들이 많을 수밖에 없다. 부대 배치를 받고 한동안은 시키는 일만 할 수 있었는데 선임들에게 방법을 배우고 실수를 지적받기도 하면서 비로소 일이 어떻게 돌아가는지 알 수 있었다. 그리고 어느 순간 나는 누가 시키지 않아도 필요한 일을 알아서 척척 하는 일병이 되어 있었다.

창업이라고 다를 건 없었다. 모르는 것을 알고 부족한 점을 채우며 이등

/ 프랜차이즈 상식을 깨다

병에서 일병, 일병에서 상병, 상병에서 병장으로 진급해야 성공을 거둘 수 있을 터였다. 군대에서는 '짬'이 차면 자연스럽게 아는 것이 많아진다지만 창업은 어떻게 배울 수 있는 걸까? 나는 생각 끝에 책을 읽는 것이 가장 좋겠다는 결론을 내렸다. 짧은 시간에 빠르게 많은 정보를 얻을 수 있는 가장 좋은 방법은 독서였다. 책에 통 관심이 없던 나였지만 군대에서 나름의 배움을 얻을 방법은 독서뿐이었다.

그때부터 책을 닥치는 대로 읽기 시작했다. 책을 읽어본 적이 별로 없으니 책을 고르는 요령이 있을 리 없었다. 그냥 자기계발서라면 무조건 읽었다. 무식하면 용감하다고 부대 문고에 있는 책을 다 읽었다. 그런 다음에는 휴가 때마다 창업에 관한 책, 성공에 관한 책을 사 와서 밤낮으로 읽었다. 매일 새벽 2시까지 책을 읽으며 미래에 성공한 나의 모습을 떠올렸다.

시간은 배신하지 않았다. 내가 시간을 투자한 만큼 결과는 솔직했다. 수십 권, 수백 권의 책을 읽다 보니 책을 골라내는 안목이 생기고 창업, 그 안에서 내가 나아가야 할 길도 보였다. 내가 흥미를 느끼는 분야는 바로 외식업이었다.

지금도 그렇지만 군대에 있던 그때도 우리나라의 경제 상황은 그리 좋지 않았다. 개업한 가게들이 2년을 버티지 못하고 속속 문을 닫는다는 불경기였다. 외식업계도 예외가 아니어서 음식을 파는 자영업을 한다고 하면 주위에서 뜯어말리는 분위기였다. 매출은 연일 떨어지고 폐점하는 가게 수는 늘어만 갔다. 군대에서 불황을 피부로 느낄 수는 없지만, 책이나 뉴스를 통해 꾸준히 시장 상황에 관심을 가졌다. 사회의 감을 잊지 않기 위해서였다.

오히려 나는 '위기가 곧 기회'라고 생각했다. 내가 파고들 수 있는 '틈'을 찾는 것을 목표로 잡았다. 창업 자본이 많은 것도 아니고 요리 실력도 그저 그런 내가 불꽃 튀는 외식업계에서 살아남으려면 틈을 잘 파고드는 방법밖에 없었다. 남들과 다른 것, 나만 할 수 있는 것을 해야 성공한다는 사실은 힙합이나 창업이나 매한가지였다.

공부 머리는 없었지만, 다행히 나에게는 무엇과도 바꿀 수 없는 장점이 하나 있다. 하겠다고 마음먹은 것은 결국 해내고 마는 열정, 모든 것을 다 태울 때까지 꺼지지 않는 그 열정이 있기에 많은 일을 해낼 수 있었다. 타고난 성격이 그런 것인지 나는 어릴 때부터 하고자 마음먹은 것은 어떻게든 해내야 직성이 풀렸다. 한 가지에 꽂히면 미친 듯이 그것만 하는 것도 그래서였다. 목표가 있으면 밤을 새워서라도 해결을 해야 했다. 평균 하루에 4시간을 자며 관련 책과 자료를 찾았다. 잠을 자지 못한 피곤함보다 목표를 달성해야 한다는 열정이 더 강했다. 잠잘 때보다 목표를 이뤘을 때 더 개운함을 느끼는 나 자신을 누구보다 잘 알았기에 한계까지 몰아붙여 모르는 걸 알게 하고, 안 되는 걸 되게 했다.

며칠간 몰두해 나는 결론을 내렸다. 경기는 늘 호황과 불황을 오가고 상황은 시시때때로 변하지만 단 하나의 사실만은 변하지 않았다. 바로 사람은 음식을 먹어야 살 수 있다는 것이다. 내 집이 없어도 살 수 있고, 단벌의 옷으로도 살 수 있지만, 음식을 먹지 않고 살 수 있는 사람은 없다. 부자든 가난한 사람이든, 남자든 여자든, 아이든 어른이든 하루 세 끼를 먹어야 한다는 그 사실만은 과거에도, 지금도, 미래에도 여전할 것이다.

/ 프랜차이즈 상식을 깨다

외식업의 가능성은 브랜드에 있다

실제로 불경기라고 해도 모든 가게가 어려운 것은 아니다. 언제나 그랬듯 돈을 버는 식당은 있다. 경기가 나빠져 매출이 좋은 가게와 그렇지 않은 가게 간의 양극화가 심화되었을 뿐, 사람들이 외식에 돈 자체를 아예 쓰지 않는 것은 아니기 때문이다. 오히려 사람들은 경기가 좋지 않을수록 검증된 맛집이나 유명한 식당, 프랜차이즈 식당을 선호하는 경향이 있었다. 투자한 돈만큼의 결과가 보장되는 맛을 원하는 것이다. 게다가 음식 사진을 공유하는 문화가 젊은 세대를 중심으로 퍼지며 그 수혜를 누리는 식당도 적지 않았다.

외식 시장의 틈을 찾아 잘 파고들면 위기는 오히려 기회가 될 수 있다. 적당한 아이템만 있으면 누구나 '평타'를 칠 수 있었던 과거와 달리 지금은 망하거나 성공하거나, 두 가지밖에 없다. 어쭙잖은 마음으로 도전해서는 본전도 못 찾고 나올 확률이 높다. 철저히 준비하고 분석해 더 성공하는 브랜드를 만드는 일이 무엇보다 중요하다. 창업에 앞서 나만의 브랜드를 만들어야 한다는 생각을 나는 이때부터 하게 되었다.

브랜드, 쉽게 생각하면 다른 제품들과의 차별화를 두기 위해 사용하는 이름이나 로고다. 특정 브랜드를 소비했을 때 다른 제품과 구별되는 경험을 제공한다면 그 브랜드는 사람들에게 좋은 평가를 받게 되고, 그 브랜드를 신뢰하는 사람들이 많아질수록 브랜드 가치는 높아진다. 그렇게 되면 브랜드는 단순한 이름이나 로고를 넘어 하나의 문화적 아이콘이 될 수 있다. 이처럼 음식에 대해 내 가치관과 방향성을 담은 브랜드를 만들고 기대에 부합하는 서비스를 제공한다면 프랜차이즈화도 얼마든지 가능하리라 생각했다.

　나는 브랜드를 어떤 방향으로 만들지 고민했다. 다른 사람들과의 차별성을 보이면서도 나다운 것, 그런 브랜드를 만들어야 지속적으로 끌고 갈 수 있을 것 같았다. '브랜드를 통해 어떤 가치를 보여줄 것인가?' 이 질문을 곱씹다 보니 문득 가장 중요한 사실은 브랜드를 만드는 것이 아니라 내가 브랜드가 되는 것이라는 생각이 들었다.

　나, 정명진이 곧 브랜드가 되는 것, 빠르게 변화하는 세상 속에서 나 자신을 브랜드로 삼아야 흔들리지 않고 올곧게 설 수 있겠다고 생각했다. 그것은 열정과 노력, 도전을 두려워하지 않는 마음이었다. 나는 내 안의 특성들을 꺼내 브랜드화하는 작업을 이때부터 하기 시작했다.

리더의 조건

리더십 책을 통해 조직을 이끄는 방법도 하나씩 익혀갔다. 학창시절 공부도 못하고 남들을 이끌어 본 경험도 없지만, 책을 읽으며 나는 리더가 된 자신을 끊임없이 상상했다. 상상 속에서 나는 벌써 유명 브랜드를 런칭한 CEO였다. 이미지를 구체화할수록 내게 필요한 것이 무엇인지 확실해졌다. 거울을 보며 밝게 웃는 모습을 연습하고 리더다운 목소리 톤과 행동, 스피치 기술까지 리더에 관한 모든 것을 배우고 익히면서 점점 꿈에 다가서고 있었다.

　나에게 필요한 것들을 책에서 얻으면서 책을 읽어야 할 목적이 분명해졌다. 책은 모르는 세계를 알려주고, 앞서간 사람들의 이야기를 통해 교훈을 주며, 궁금증을 시원하게 풀어주었다. 내가 많은 리더에게 책 읽기를 권하는 이유이기도 하다. 책을 열심히 읽어 본 경험이 없었더라면 이미 부와 명예를 가진 사람이 왜 더 많은 책을 읽는지, 나는 영영 이해할 수 없었을 것이다.

리더가 되기 위해서도 책을 읽어야 하지만 리더가 되고 난 후에도 책을 읽어야 한다는 깨달음을 얻은 것도 이 무렵의 일이다. 리더는 다른 사람보다 더 많이 읽는 사람이어야 했다. 나 혼자만의 일이 아니고 함께하는 일이라면 더더욱 책을 읽는 리더가 필요했다. 결국, 한 조직의 리더가 어떤 책을 읽는지, 얼마나 열심히 읽는지가 그 조직의 미래를 결정한다고 할 수 있다.

그렇게 말할 수 있는 분명한 이유는 리더가 책을 많이 읽어야 시대의 흐름에 뒤쳐지지 않고 먼 미래를 생각할 수 있기 때문이다. 현재에 머무는 것은 유지가 아니라 도태였다. 계속해서 뛰어야 유지되는 사업의 세계에서 독서는 그야말로 선택이 아닌 필수였다.

리더십 책을 통해 배운 것은 또 있었다. 창업가가 고객의 니즈를 파악하는 것처럼 리더는 직원들의 니즈를 파악해야 한다. 백번 맞는 말이다. 직원들이 가게를 싫어하는데 어떻게 손님들이 가게를 좋아할 수가 있겠는가? 그런 조직은 당장은 장사가 잘 되는 것 같아도 오래지 않아 무너지기 마련이다. 손님에 앞서 먼저 직원들이 자기가 일하는 공간에 애정을 가지고 자기가 하는 일에 자부심을 느낄 수 있도록 해주어야 한다. 그래야 가게에 오는 손님들도 직원들의 긍정적인 에너지를 느끼고 좋은 기분으로 식사할 수 있다.

성과도 중요하지만, 무엇보다 중요한 것은 사람이라는 사실을 잊지 말아야 한다. 결국, 전부 사람이 하는 일이다. 기계와 달리 사람에게는 감정이 있기 때문에 모든 것은 결국 사람이 문제이다. 똑같이 음식을 만들어도 정성 들여 만든 음식이 맛있는 게 당연하고, 똑같은 말을 해도 친근한 목소리로 하면 기분이 좋은 게 당연하다. 사람은 다른 사람의 감정에 영향을 받기 때문에, 하물며 음식을 테이블까지 나르거나 주문을 받는 간단한 동작도 기분에 따라 전달되는 느낌이 다르다.

직원들의 행복 에너지가 손님들에게까지 전해지도록 하려면 나는 어떤 CEO가 되어야 할까? 그 역시 내가 풀어가야 하고, 누구도 대신해줄 수 없는 숙제였다. CEO가 된 나를 상상해보았다. 직원들의 기분을 파악하고 좋게 만들려면 우선 소통이 잘 되어야 한다. 권위적인 리더가 일방적으로 직원들에게 지시를 내리는 방식으로 성장했던 시대는 지났다. 직원들의 목소리를 듣고 공감하는 리더, 그런 리더가 조직을 발전시키고 비전을 제시할 수 있다.

이처럼 자신을 갈고닦는 끝없는 노력이 없으면 리더라 해도 언제까지 그 자리에 머무를 수 없다. 그렇기에 능력 위주의 우리 사회에서는 리더가 된 후에도 리더로서의 역량을 꾸준히 '업그레이드'하는 일이 반드시 필요하다.

그렇다면 어떻게 내 능력을 업그레이드할 것인가? 해답은 다시 책이었다. 과거에는 지도자를 '리더'(leader)라고 불렀지만, 앞으로는 '리더'가 곧 조직을 이끄는 사람이 될 것이라고 나는 확신한다. 리더는 단순히 책만 읽는 것이 아닌 미래를 읽고, 트랜드를 읽고, 사람의 마음을 읽을 수 있어야 한다. 그렇다면 진정한 의미의 리더가 되기 위해서 지금 내가 할 수 있는 일은 무엇일까? 그것은 다시 독서다.

이 시기에 얻은 독서하는 습관이 지금의 나를 만들었다고 해도 과언이 아닐 만큼, 책은 나에게 아주 귀중한 자산이다. 리더가 되고 성공한 브랜드를 가진 지금도 분야에 관련된 책을 꾸준히 읽는다. 배움에는 끝이 없으니 늘 갈고닦으며 미래를 준비한다. 그것만이 빠르게 변화하는 세상 속에서 나를 지킬 힘이 된다는 걸 경험으로 아는 까닭이다.

그렇게 책을 통해 현실 인식부터 시작해 리더십까지, 사업가에게 필요한 자질을 갖출 수 있었다. 하지만 다른 것은 몰라도 리더십은 머리로 아는 것보다 실제 상황에서 겪어보는 것이 더 중요하다. 그렇다면 리더십을 어디서 발휘해보아야 할까? 기회는 뜻밖에도 가까이 있었다.

늘 지도자의 자세로 생활하려 했던 내게 병장 시절은 리더십을 훈련할 좋은 기회였다. 병장이 부대에서 제일 높은 자리는 아니지만, 부대 내에서 장교와 부사관을 제외한 사병 중에서는 병장이 가장 높은 계급이었다. 병장이 되어서는 부대원들을 챙기고 통솔해야 할 일이 자주 있었다.

내가 상상하는 리더의 모습대로 부대원들의 고충에 귀를 기울였다. 특히 부대에서 가장 약자라고 할 수 있는 이등병에게 더 많은 관심을 쏟았다. 일을 시킬 때에도 일방적으로 명령하기보다는 최대한 이유를 설명해주려고 노력했다. 처음에는 부담스러워하던 부대원들도 차차 익숙해져 서로의 말을 경청하고 함께 문제를 해결했다. 그렇게 내가 상상한 리더의 모습대로 행동하니 부대원들과의 정이 한층 더 돈독해졌다.

물론 항상 좋기만 했던 것은 아니다. 수직적인 구조인 군대에서 수평적인 소통을 강조하자 문제가 생겨났다. 부대원들 사이에 오해가 생기는 일도 잦았다. 하지만 이 모든 것이 사람과 사람 사이의 일이다. 여기에서 사소한 갈등을 해결하지 못하면 사회에서도 할 수 없을 것이었다.

책을 통해 해결책을 찾고 끊임없이 부대원들과 소통할 기회를 만들어 오해를 풀어갔다. 하루 이틀도 아니고 수 개월을 동고동락한 사이니 서로 간에 쌓인 감정이 풀리는 것도 한순간이었다. 그렇게 군대라는 폐쇄적인 상황 속에서도 나는 주어진 환경을 최대한 활용해 능력을 향상시키고자 했다. 이때의 경험 하나하나가 나를 성장시키는 자양분이 되었다.

성실할 것

사회에 나가 성공할 날을 꿈꾸며 하루가 부족할 정도로 열심히 살았던 군대 시절이었지만 때로는 슬럼프도 있었다. 열정과 성실함으로 무장했지만 나도 사람인지라 쉬고 싶고 놀고 싶은 것은 당연했다. 그러나 당연한 것을 당연하게 받아들이면 평범해질 뿐이다. 남들과 똑같이 살면서 남들 이상의 결과를 내겠다는 말은 공부는 하지 않고 전교 1등을 하겠다는 소리나 마찬가지다. 말도 안 되는 욕심이다.

결국 '성실함'이 답이었다. 꾸준한 성실함이 성공의 문을 여는 단 하나의 열쇠였다. 그럴싸해 보이는 다른 것들은 언젠가는 운을 다할 요행에 불과했다. 성실함을 겸비한 열정만이 나를 배신하지 않는 유일한 것이었다. 음악은 시간을 투자하는 것만이 전부는 아니지만, 사업은 그렇지 않다. 더 깊이 생각하고 더 치열하게 준비할수록 성공에 점점 더 가까워졌다.

그러기 위해서 지금 내게 필요한 것은 시간이었다. 시간을 내 것으로 만들어야 성공도 내 것으로 만들 수 있었다. 그런 의미에서 현실적인 문제는 다 제쳐놓고 오로지 공부에만 전념할 수 있는 군대의 시간은 글자 그대로

'황금 같은' 시간이었다. 계급이 오를수록 잡무도 줄고 개인 시간도 많아져서 공부하기에는 이만한 조건이 없었다. 일분일초도 허투루 쓸 수 없는 그런 귀중한 시간을 슬럼프라는 변명으로 흘려보낸다면 상상도 도전도 무용지물이 될 게 뻔했다.

마음을 다잡아야 했다. 나 하나도 관리하지 못하는 사람이 어떻게 리더가 될 수 있을까? 내 몸에 밴 습관 하나하나까지 모두 바꿔야 한다. 시작할 때의 첫 마음, 초심으로 돌아가야 했다. 오늘도 시장에서 굴비를 팔고 있을 어머니를 떠올렸다.

어머니는 하루도 빠지지 않고 가게를 열었다. 몸소 성실함과 부지런함을 보여주신 어머니께 지금의 나는 과연 자랑스러운 아들인가? 그 시절의 나는 아직 확신할 수 없었다.

어머니께 자랑스러운 아들이 되고 싶다. 자식이 성공하는 모습을 보여드리고 싶다. 내 어머니가 그러했듯, 나도 내 미래의 아들딸에게 말이 아닌 행동으로 가르침을 전하고 싶다.

나에게 떳떳한 하루, 결과에 상관없이 진심으로 최선을 다했다 말할 수 있는 하루를 만들자.

슬그머니 다른 생각이 들 때마다 이 말을 곱씹었다.

어느새 제대 날짜가 가까워져 왔다. 제대가 다가오면 한편으로는 기쁘면서도 다른 한편으로는 불안하다던데 나는 전혀 그렇지 않았다. 군대에 있는 2년 동안 쉬지 않고 미래를 그려온 나였다. 이제 내가 세워둔 계획을 실행하기만 하면 된다고 생각하니 불안할 게 없었다. 오히려 나는 부푼 기대감에 가슴이 뛰었다. 설령 장애물에 가로막힌다 하더라도 나에게는 어려움을 헤쳐나갈 능력이 있었다. 성실하게 보내온 그간의 시간이 나의 능력을 증명해낼 것이었다.

혹자는 군대에서의 시간을 젊음을 저당 잡힌 억울한 시간이라고 생각할지 모르지만, 내게 군대에서의 시간은 창업가로서의 나를 만들고 다듬게 한 금쪽 같은 시간이었다. 이날만을 그리고 또 그리며 철저한 준비를 마친 나는 당당한 발걸음으로 부대 문을 걸어나갔다. 저 문 너머에 내가 그토록 그리던 미래가 있었다.

01 [나의 스토리] 가난, 꿈 그리고 현실 가능성

1 나만의 스웨그(swag)을 잃지 마라!

스웨그는 힙합에만 있는 것이 아니다. 인생에는 각자의 스웨그가 있다. 그 스웨그를 통해 '나'를 명확하게 만들자. 나의 스웨그는 '도전'이었다. 실패를 두려워한다면 아무것도 만날 수 없다. 진정으로 원하는 일에 최선을 다하는 것, 그것만으로도 훌륭하다는 생각으로 달려왔다. 당신의 스웨그는 무엇인가?

2 구체적으로 상상하라! 최고의 경험(top experience)을 만날 것이다!

열정이 있다 한들 어떻게 이룰 것인가? 이것을 모른다면 아무 소용이 없다. 구체적인 과정 없이 이룰 수 있는 것은 아무것도 없다. 구체적으로 머릿속에 그려라. 그리고 실패를 두려워하지 마라. 내가 성공하리라는 것을 의심하지 말자. 실패 또한 성공으로 가는 과정일 뿐이다. 그 길의 끝에 당신을 이끌어 주는 최고의 경험이 존재한다.

3 꿈과 현실, 그 어딘가에 반드시 길이 있다!

음악은 나의 꿈! 힙합 덕분에 인생의 원동력을 얻었다. 그러나 좋아하는 것이 꼭 직업이 되어야 한다는 발상은 너무 순수하다. 내가 가장 잘할 수 있고 성공하는 길을 찾아라. 누구나 꿈과 현실 사이에서 방황할 수 있다. 그러나 꼭 하나를 선택할 필요는 없다. 분명 당신을 위한 타협 지점이 있을 것이다.

4 지식을 포기하지 마라!

지식은 군인에게 총알과 같다. 목표물을 향해 총을 겨눴어도 총알이 없으면 성공할 수 없다. 고등학생 때와 달리, 창업의 목표를 갖게 된 순간부터 책을 손에서 놓지 않았고, 거기에서 외식업이 성공하는 길을 찾았다. 모두가 NO! 할 때 YES!를 외치기 위해서는 알아야 한다. 아무것도 모르고 덤비는 것은 만용이다. 원하는 것을 얻겠다면, 지식은 필수다.

5 매력을 기르면 사람은 따라온다!

사람이든 브랜드이든 잘되는 사람은 계속 잘되고 못 되는 사람은 계속 못 되더라. 그건 얼마나 사람을 이끄는 힘이 있느냐의 차이다. 차별성이 있어야 하고 지속 가능해야 한다. 나의 매력은 바로 리더(reader)와 관계되는 것이었다. 직원도 고객도 결국 마음을 읽어주는 사람을 따르게 되어 있다는 사실을 일찍 깨달은 것이다. 창업을 생각한다면, 당신만의 매력을 길러라.

5 성실하라!

이것은 창업이 아니더라도 사회생활을 한다면 필수 요소이다. 그러나 창업가는 그 이상으로 성실해야 한다. 초심을 잃지 마라. 당신을 움직이게 한 처음의 그 강렬한 원동력을 잊지 않았다면, 게으름을 부릴 시간이 없다. 당신의 성공한 미래는 꾸준한 성실함이 만들어낸 결과이다.

BREAK FRANCHIS

프랜차이즈
상식을 깨다

외식업 프랜차이즈 창업 성공 비법

[현장 경험]

10년 동안의
좌충우돌 외식 사업

창업은 일단 해봐라. 적은 돈을 이리저리 굴리고 머리를 써보는 과정에서
얻는 경험이 소중한 자산이 될 것이다. 돈을 벌지 말고, 경험을 벌어라.

01
외식 사업의 첫 도전

오백만 원짜리 푸드트럭 도전

스물두 살, 내가 제대해 사회로 돌아왔을 때의 나이였다. 그때의 나는 무엇이든 해낼 수 있다는 자신감으로 가득 차 있었다. 군대에서 몸에 밴 생활 습관도 창업을 준비하는 데 도움이 됐다. 친구들이 군대 가는 나이에 제대 했으니 앞서가는 기분도 들었다. 그리고 친구들이 제대하기 전에 반드시 성공을 거두겠다고 결심했다.

제대 직후 창업을 하겠다고는 결심은 했지만 수중에 있는 돈은 많지 않았다. 군대 가기 전 아르바이트로 번 돈 조금과 군대에서 모은 돈 조금이 당시 내가 가진 전부였다. 창업을 위해서는 일단 자본금을 모아야 했기에 외식업에 종사하며 실전 감각을 익혔다.

제대 후 일을 해서 번 돈까지 합쳐 육백만 원이 조금 못 되는 자본금을 마련했다. 임대료는 고사하고 보증금으로도 턱없이 적은 금액이었다. 이 돈을 가지고 시작할 수 있는 것은 많지 않았다. 소자본으로 창업할 수 있으면서 목이 좋으면 금상첨화겠지만 그런 가게를 쉽게 찾을 리 없었다. 지금 이 돈으로는 가게는커녕 노점 하나도 얻기 어려운 게 현실이었다.

그렇다고 해서 여기서 멈춰 설 수는 없었다. 두 조건을 모두 만족하는 가게를 찾는 건 현실적으로 불가능하니 아예 다른 방법으로 접근해야 했다. 주변에서는 그럴 바에야 몇 년 더 일하면서 자본금을 조금 더 모은 뒤 원하는 자리에서 창업을 하라고 권유했다. 그러나 나는 도전을 미루고 싶지 않았다. 내게 이번 도전은 돈을 벌기 위해서가 아니었다. 그동안 머릿속으로만 그려왔던 '일을 과감하게 실행할 수 있는 자신감이 정말 내게 있는가'에 관한 질문의 답을 알고 싶었다.

군대에서부터 착실하게 창업 구상을 했지만 자본금이 부족했기에 바로 시작할 수는 없었다. 몇 달이 지나고 다시 한 번 도전할 수 있는 최소한의 상황이 되었는데, 이번에도 또 준비가 덜 되었다는 변명으로 도전을 미룰 수는 없었다. 더 이상의 준비는 '준비를 위한 준비'일 뿐이었다. 모든 것이 완벽하게 갖춰진 상황은 결코 올 수 없다. 모든 것이 완벽하게 갖춰진 상황에서 시작하겠다고 생각하면 결국 준비만 하다가 끝날 게 분명했다. 설령 부족하더라도 도전할 나름의 준비를 마쳤다면 일단 한 번 부딪치는 것이 좋겠다고 생각했다.

상황에 나를 맞추려 하지 말고 내가 상황을 바꾸자!

상황에 나를 맞추면 목이 좋지 않은 곳에서 시작해야 한다. 하지만 상황을 바꿔보면 어떨까? 어쩌면 오히려 간단했다. 내가 사람들이 많은 곳을 찾아가면 되는 일이었다. 마침 조리 시설을 갖추어 야외에서도 음식을 만들 수 있는 '푸드트럭'이 사람들 사이에서 반향을 일으키고 있을 무렵이었다. 푸드트럭은 소자본으로도 창업할 수 있어 젊은 사람들이 주로 창업을 많이 했다. 그러다 보니 젊은 사람들이 좋아할 만한 아이템이나 기존에 없던 톡톡 튀는 아이템을 잘 선정해서 점포가 있는 가게 이상의 큰 인기를 끄는 경우도 있었다.

단점이 있다면 성수기와 비수기 매출이 확연히 차이가 난다는 것이다. 야외에서 음식을 파는 푸드트럭은 축제와 휴가로 야외활동이 많은 여름에는 높은 매출을 올릴 수 있지만, 여름을 제외한 나머지 계절에는 매출이 부진했다. 특히 추운 겨울에 매출이 가장 적기 때문에 겨울에는 아예 쉬는 푸드트럭 운영자들도 있다.

이러한 문제를 해결할 방법을 찾아보았다. 그리고는 성수기와 비수기의 매출 차이를 극복할 수 있는 방법은 사람들에게 브랜드를 알리는 것, 바로 '브랜딩'이라고 생각했다. 브랜드가 입소문을 타고 SNS로 퍼지면 사람들은 계절과 관계없이 분명히 푸드트럭을 찾을 것이다. 그래서 음식의 맛도 중요하지만 자신이 지향하는 가치를 담은 브랜드를 만드는 것도 아주 중요하다고 생각했다. 브랜드에 대해 끊임없이 생각해 온 나였기에 이 부분만큼은 자신 있었다.

사람들을 가게로 끌어오는 게 아니라 직접 사람들을 찾아가자. 큰 포부로 오백만 원을 들여 푸드트럭을 장만했다. 다른 사람이 보기에는 작고 낡은 트럭에 불과했지만 나에게 이 트럭은 몇천만 원짜리 외제 차와도 바꿀 수 없는 소중한 '드림카'였다. 가슴이 벅차올랐다. 이제 진짜 시작이었다.

스트리트 문화 : 못다 한 힙합 소울, 수제 버거에 담아내다

푸드트럭에서 어떤 음식을 팔 것인가를 결정하는 것은 성패를 좌우할 수 있는 중요한 사항이다. 군대에서부터 창업에 관한 전반적인 지식을 쌓기는 했지만, 아이템까지는 확정하지 못했다. 왜냐하면 음식에도 유행이 있기 때문이다. 유행이 다 지났거나 다른 사람이 먼저 시작했다면 또 다른 나만의 무언가를 만들어내야 한다. 그렇기에 생각해둔 몇 가지 메뉴에서 지금 당장 해볼 만한 것을 선정하는 게 우선이었다.

현장 답사를 해보니 푸드트럭의 아이템은 무척 다양했다. 튀김이나 닭꼬치같이 간단하게 먹을 수 있는 음식에서부터 불고기 바비큐, 파스타같이 고급화 전략을 구사한 음식까지 만나볼 수 있었다. 푸드트럭 근처에서 음식을 먹고 있는 사람도 많았다.

실제로 푸드트럭이 운영되는 현장을 찾아다니다 보니 무엇보다 언제 어디서든 간편하게 먹을 수 있는 메뉴가 좋겠다는 판단이 섰다. 푸드트럭은 사람들이 다니는 길이나 공터에서 음식을 파는데, 포크나 젓가락을 써야 하거나 자리를 잡고 앉아서 먹어야 하는 음식을 팔면 먹기가 어려웠고, 먹을 곳이 마땅치 않으면 메뉴가 신기하고 맛있어 보여도 지나칠 수 있다. 또한, 포장에 손이 많이 가면 혼자 운영하기가 버거울 것 같았다.

그렇게 내 스스로 고객이 되어보니 별도의 먹을 곳이 마련되어 있지 않은 푸드트럭에서는 서서도 먹을 수 있고, 걸으면서도 먹을 수 있는 메뉴가 적합했다. 그 자리에서 바로 먹을 수 있는 음식으로 범위를 좁히고 아이템을 다시 고민했다. 여러 가지를 생각해본 끝에 쉽고 빠르게 만들 수 있으면서 계량화가 가능해 어느 정도 균일한 맛을 낼 수 있는 음식 가운데 햄버거로 마음을 굳혔다. 원가도 저렴하고 제조와 포장도 쉬워 혼자서도 충분히 할 수 있을 터였다.

나는 일사천리로 푸드트럭 장사에 나섰다. SNS를 통해 이목을 끌려면 햄버거 모양이 중요하다고 생각해 그 부분에 꽤 공을 들였다. 사람들이 많은 곳을 찾아다니며 장사를 했다. 주말도 없이 매일 트럭을 타고 이곳저곳을 다녔다. 힘들어도 항상 밝은 미소로 친절하게 응대했고 이벤트도 많이 했다. 그러나 매출은 예상한 것보다 저조했다. 명백한 이유를 알 수 없어 답답했다. 그래도 일단 시작했으니 용기를 잃지 않고 현재 상황을 개선할 방법을 찾아야 했다.

그랬다. 아이템 자체는 나쁘지 않았지만, 문제는 내가 파는 햄버거가 다른 햄버거와 크게 다르지 않다는 점이었다. 요컨대 대형 프랜차이즈 햄버거 가게에서 먹는 것이나 푸드트럭에서 먹는 것이나 매한가지이니, 굳이 푸드트럭을 찾을 필요가 없었다.

무엇보다 다른 브랜드와 차별화된 자신만의 햄버거를 만들어야 했다. 우선 햄버거에 어떤 정체성을 부여할 것인지 콘셉트부터 정하는 게 좋을 것 같았다. 푸드트럭은 노상에서 영업하니 길 위의 자유로움, 젊음, 패기 등을 구체화해 브랜드를 만들고 싶었다. 내가 아는 것 중 그러한 가치들을 가장 잘 표현해낼 수 있는 것은 힙합밖에 없었다. 제대 후 힙합 문화를 들여다보니 힙합이 인기를 끌면서 여러 가지 하위문화가 생겨나고 있었다. 젊은이들이 많이 모이는 곳에 가면 어김없이 힙합이 들려와 분위기를 한껏 고조시키고 그 옆에서는 비보잉과 스케이트보드 공연이 이어졌다. 길을 통해 번져나가는 젊은이들의 문화, '스트릿 문화'에 편승하기로 했다. 햄버거의 콘셉트를 힙합으로 잡고 힙합이 있는 곳이라면 어디든 달려갔다.

공연장, 축제, 대학생들이 많이 모이는 곳을 분주하게 돌아다니던 그 무렵, 언더그라운드에서 가수를 꿈꾸는 한 친구를 만났다. 그 친구가 자이언티(Zion. T)다. 힙합을 좋아한다는 것 외에도 우리는 아주 결정적인 공통점이 있었다. 나도 그 친구도 무언가를 상상하는 능력만큼은 최고였다. 가는 길은 달랐지만 함께 만나서 자주 이야기를 나누고 서로의 열정을 배우며 한걸음씩 꿈에 다가가고 있었다. 그 친구와 어울려 다니며 젊은 층을 대상으로 한 햄버거, T-way 버거를 만들었다. Teenage, Twenty, Thirty를 겨냥한, 말하자면 1030 버거인 셈이다. T-way 버거는 내가 표현하고 싶은 힙합정신, 즉 젊은이의 자유로움, 열정, 패기를 수제버거로 연결시킨 결과물이었다.

버거라는 콘셉트를 잡고 친구와 함께 장사에 나섰으나 상황은 전과 크게 다르지 않았다. 결국 문제점을 정확하게 알 방법은 손님들에게 직접 물어보는 방법뿐이었다. 푸드트럭 앞에 서서 버거를 먹는 손님들에게 조심스럽게 물었다. 맛이 어떠냐는 내 물음에 대한 반응은 크게 두 가지였다. 애써 밝은 미소를 지으며 "괜찮아요"라고 말하거나 말끝을 흐리며 "보기보다 맛이 좀…"이라고 말했다.

맛이 없다는 손님께 몇 가지 질문을 더 드렸더니 답이 나왔다. 모양이 특이하고 이름도 생소해 호기심을 일으키기는 했지만, 막상 먹어보니 버거 맛이 기대에 못 미쳐 다시 먹거나 주변에 추천할 마음이 생기지 않는다는 것이다. 한마디로 너무 보이는 부분에만 신경 쓴 느낌이라는 손님의 말이 나의 정곡을 찔렀다. 차별화를 위해 힙합의 이미지를 빌려오기도 하고 브랜딩에 초점을 맞추기도 했으나 전반적으로 맛보다 모양에 더 신경을 쓴 것이 패착이었다.

수익이 없으니 더는 장사를 이어갈 이유가 없었다. 씁쓸한 마음으로 푸드트럭 사업을 접었다. 나의 첫 도전이자 첫 실패였다. 착잡했지만 일단 시작해보았다는 데 의의를 두고 후일을 도모해야 했다. 당시 내 사업에 함께 발 벗고 나서준 자이언티에게는 지금도 고마운 마음이 크다. 이후 자이언티는 음악의 길을, 나는 사업의 길을 걷고 있지만 멀리서 서로의 길을 응원하고 있다.

새로운 배움의 길 : 오산대학교 관광외식사업학과

더는 실패를 실패로 남겨두고 싶지 않았다. 실패를 도약의 발판으로 삼아야 한다는 것이 나의 지론이다. 푸드트럭 사업은 결과적으로 실패였지만 아예 수확이 없지는 않았다. 내가 주도적으로 호기롭게 시작할 수 있었고, 경영이라는 경험을 얻었고, 그 과정에서 부족한 것이 무엇인지도 알게 되었다.

무엇보다 필요한 것은 경영에 대한 체계적인 지식과 실무 경험이라는 생각이 들었다. 이와 관련해 여러 책을 읽기는 했지만, 머리로 아는 것과 몸이 아는 것은 달랐다. 지식과 지혜의 차이를 나는 비로소 깨달았다. 지식이 어떤 것에 대해 배워서 알게 된 인식이라면, 지혜는 아는 것에서 한 걸음 더 나아가 그것을 활용하고, 여러 감각을 사용해 상황을 유기적으로 이해하는 능력이었다.

그렇기에 내 머릿속 지식을 200% 활용하기 위해서는 단순히 아는 것으로는 부족했다. 반복과 연습을 통해 손에 익히고 몸에 새겨야 언제 어디서든 역량을 발휘할 수 있었다. 무림 고수들이 기본 동작을 무수히 반복하듯이 기본기를 탄탄히 다져야 할 때였다. 그랬다. 이론과 실무를 체계적으로 익히며 전문적인 지식으로 자신을 업그레이드시킬 수 있는 곳, 대학교에 입학하기로 결정했다.

음악을 포기하면서까지 내 발로 나온 대학교에 지금 다시 들어가려 하고 있다. 과거 힙합에 대한 순수한 열정으로 대학교에 입학하고 현실적인 이유로 자퇴했다면 이번에는 달랐다. 충분한 현실 인식과 스스로에 대한 성찰을 통해 내가 원하는 것과 필요한 것이 무엇인지를 명확하게 알고 있었다. 자신에 대한 명확한 이해를 바탕으로 필요하다고 여겨지는 것을 얻기 위해 대학교에 가기를 선택했다. 과거에는 기회를 얻어 대학에 갔다면, 지금은 기회를 만들고자 가는 것이었다.

내가 원하는 것을 배우려면 외식 경영이나 창업과 관련된 학과로 가야 했다. 특별히 외식 관련 학과는 사업가로서 갖추어야 할 실무지식과 이론, 사례가 중심이 된 커리큘럼을 운영했다. 그래서 이 학과로 진학하면 상권 분석부터 아이템 개발, 유통관리 등 외식과 관련한 다양한 분야의 지식을 배울 수 있을 거라 생각했다. 장사로 수익을 높이는 방법뿐만 아니라 폭넓은 시각으로 외식업에 대한 전체적인 그림을 조망할 수 있었다.

여러 가지 조건을 비교해 오산대학교 관광외식산업학과에 진학했다. 스물넷의 나이로 다시 대학에 돌아가는 데에는 적잖은 용기가 필요했지만 배우고자 하는 열정 앞에서는 그 무엇도 문제가 되지 않았다. 배우고 싶은 것을 배우기 위해 가지 못할 곳은 없었다.

대학에서 리더십을 키우다

얼마 만에 다시 듣는 대학 강의인지 모든 것이 새로웠다. 독학만으로 머릿속에 그림을 그리는 것과 경험이 많은 사람에게 직접 노하우를 전수받는 것은 완전히 달랐다. 교수들은 자신의 분야에서 내로라하는 전문가였고 열정을 보이는 학생들에게 그만큼 더 많은 것을 가르쳐주려는 참된 교육자였다.

수업 역시 나에게 매우 큰 도움이 되었다. 혼자였다면 오랜 시간이 흘러 깨달았을 것들을 강의를 통해 미리 배우고 간접적으로 경험할 수 있었다. 왜 체계적이고 전문적인 공부가 필요한지 절실하게 느끼며, 나는 가능한 한 많은 것을 배우기 위해 밤낮으로 몰두했다.

특히, 실습은 나에게 무척 유용했다. 메뉴 만들기, 콘셉트 잡기부터 실제 조리 실습, 술이나 음료를 만드는 실습까지 외식업 전반에 필요한 기술을 익히며 현장 감각을 익혔다. 직접 여러 음식을 만들다 보니 예전에 어떤 책에서 읽었던 '프로는 실력이 좋은 것만을 의미하는 게 아니라 시간 내에 자신이 얼마만큼 해낼 수 있는지를 분명히 아는 사람'이라는 말이 이제야 이해가 되었다.

그 말대로라면 자신의 역량을 정확하게 파악하고 있는 사람이 진정 프로였다. 아마추어는 자신의 역량을 고려한 메뉴를 선정할 수 없다. 그러다 보니 아이템이 좋고 맛이 있어도 사업이 잘되지 못하는 경우가 부지기수였다. 예를 들어, 혼자 하는 버거 가게인데 두툼한 패티를 넣겠다고 오랫동안 굽고 있으면 그동안 다른 일은 할 수 없을뿐더러 패스트푸드를 먹고 싶어 온 손님의 기대도 충족시킬 수 없다. 게다가 손님까지 밀리기 시작하면 그야말로 패닉이다. 그래서 혼자 하는 버거 가게라면 우선 조리를 간소화할 수 있는 레시피 개발에 중점을 맞춰 맛을 살리면서 메뉴 또한 간소화해 빨리 버거를 만들 수 있어야 한다. 그래서 버거 하나를 만드는 데 걸리는 시간을 정확히 파악하고 있어야 비로소 '프로'라고 할 수 있다. 나아가 가게 규모나 직원 수, 메뉴의 특성까지도 고려해야 한다. 무턱대고 복잡한 조리법을 고집하면 망하는 건 시간문제다.

그런 의미에서 이제까지의 나는 '아마추어'였다. 생생한 상상으로 무장하고 열정을 불태우며 열심히 노력했지만, 외식업의 많은 것을 이해하기에는 부족했다. 사업가의 자세를 학습할 수는 있었지만, 책에서 읽은 방법을 활용하는 데에는 젬병이었다. 간접 경험은 간접일 뿐, 자기 자신이 직접 경험해보지 않으면 다른 사람의 경험은 온전히 내 것이 될 수 없었다. 나에게도 사업가의 자세를 경험할 필드가 필요했다. 하지만 그 전에 내가 정말 준비가 되었는지 점검하는 것이 우선이었다. 나를 알고 부족함을 보완하는 그곳이 바로 대학교였다. 아직 공부도 경험도 턱없이 부족하다는 사실을 깊이 깨달았다. 대학교에서 나의 남은 인생을 결정지을 것이라는 일념으로 학업에 전념했다.

학창 시절 공부를 정말 못했던 나였지만, 관심 있는 분야의 공부는 달랐다. 조금이라도 더 알고 싶고 모르는 게 있으면 잠이 오지 않았다. 그럴수록 끈질기게 물고 늘어졌다. 매 학기가 나를 성장시키는 배움의 시간이었고 그 과정에서 동기들과도 점점 가까워졌다. 고등학교 때에는 한 교실에 적성도, 취향도, 진로도 다른 친구들이 모여 있었는데, 대학교에는 관심사가 같은 친구들끼리 모여 있으니 말도 잘 통하고 서로 자극이 되기도 했다. 빨리 가려면 혼자 가고 멀리 가려면 같이 가라는 옛말처럼 친구들과 함께 서로를 격려하며 지치지 않고 배울 수 있었다. 학창 시절에도 어른이 된 후에도 친구가 거의 없던 내가 대학에서 동기들과 동고동락하며 처음으로 '같이'의 가치를 알게 되었다.

나는 동기들에 비해 나이가 많았지만 모두 비슷한 목표를 향해 가는 동지들이었기에 나이와 관계없이 친해질 수 있었다. 오히려 내가 나이가 더 많다 보니 고민을 상담하거나 조언을 구하는 친구들도 있었다. 아직 누군가에게 조언을 할 처지는 아니지만 내가 해줄 수 있는 것은 한 명 한 명을 진심으로 대하는 것뿐이었다. 최대한 많이 듣고 적게 말했다. 충고는 거의 하지 않았다. 많은 경우는 고민을 털어놓는 사람 스스로가 답을 알고 있었다. 그 친구들에게 진정으로 필요한 것은 조언이 아니라 누군가에게 말하면서 고민을 정리할 시간이었다. 내가 고민 상담을 해주는 입장이었지만 오히려 그들의 이야기를 들으면서 배우는 것도 많았다.

동기들이 잘 따라준 덕분에 나는 학생회장직을 맡으며 조직을 이끌어가는 감각도 익힐 수 있었다. 조직을 끌어갈 때에도 핵심은 결국 경청에 있었다. 나이가 많다고 해서, 회장이라고 해서 일방적으로 이래라저래라 하면 누구도 따를 리 없다. 군대에서 그랬듯이 잘 들어주고 공감해주는 것이 중요했다. 사람과 사람 사이의 관계는 모두 거기에서부터 출발했다.

졸업할 즈음엔 아주 전문가라고는 할 수 없지만, 어느 정도 내 분야에 있어 체계적인 지식과 기술을 가지게 되었다. 하지만 흔히들 하는 말처럼 배움에는 끝이 없으니 대학을 졸업했다고 해서 배움이 끝날 리 없었다. 졸업장을 받았다는 것은 이제 겨우 출발선에 섰다는 말과 다르지 않았다. 문자 그대로 나는 이제 겨우 출발선에 선 것뿐이었다.

그러나 시작이 반이라고 하지 않는가? 자신의 부족함을 채울 수 있는 공부를 했고, 나와 같은 길을 가는 든든한 동지들을 만났으니 그것만으로도 내 시작은 반, 아니 그 이상이었다. 바람의 방향이 서서히 바뀌고 있었다. 나는 배운 것들을 마음에 새기며 담담하게 돛을 올렸다.

02
커피 가게 창업

작은 기적 : 커피 가게 창업

창업을 준비하며 불황을 몸으로 느꼈다. 알고는 있었지만 현실은 생각보다 더 심각했다. 시장조사를 하러 가면 가는 곳마다 장사가 되지 않는다고 아우성이었다. 월세라도 줄여보려고 권리금 없이 가게를 내놓은 곳도 많았다. 창업 시장만 호황일 뿐 정작 창업자들은 불황이라고 말했다.

'레드오션'이었다. 대기업이 골목 상권까지 침투하고 가겟세는 나날이 높아지는데 사람들의 소비심리는 위축될 대로 위축되고 있었다. 그러다 보니 가격을 파격적으로 낮추는 방식으로 비슷한 업종끼리 상처뿐인 전쟁을 하는 경우도 많았다. 외식업을 포함한 수많은 자영업 시장에서 이미 이러한 경쟁이 벌어지고 있었다. 피가 낭자한 레드오션을 뻔히 보면서도 대책 없이 뛰어들어갈 수는 없었다. 이런 상황에서는 아무리 좋은 아이템이라고 해도 성공을 낙관할 수 없을 듯했다.

지금은 나아갈 때가 아니라 멈춰설 때였다. 나아갈 때와 멈출 때를 정확히 아는 것은 사업에서 매우 중요하다. 주변 상황을 무시하고 계속 나아가기만 해서는 목적지에 제대로 닿을 수 없다. 지금 나아가겠다고 설쳐대다가는 거센 풍랑에 휩쓸려 망망대해를 떠돌 것이 분명했다. 원하는 목표에 닿으려면, 원하는 방향으로 바람이 불 때까지 멈춰 서서 기다리는 지혜가 필요했다. 그리고 비로소 바다가 잠잠해졌을 때 단 한 곳, 내가 목표한 그 방향으로 다시 정확하게 나아갈 수 있다. 생각하기에 지금은 멈춰 설 때였다. 상황이 정리될 때까지 이 자리에 서서 최대한 몸을 웅크리고 내 것을 지키는 것이 우선이었다.

　그렇다고 허송세월만 하고 있을 수도 없었다. 최대한 돈을 덜 들이면서 할 수 있는 사업을 찾는 것, 그것이 최선의 타개책이라 생각했다. 가까이에서부터 기회를 찾았다. 뭔가를 한 번 해볼 수 있을 만한 곳을 찾아 동네 주변을 둘러보았다. 시내 중심가의 가게도 문을 닫을 판이니 동네 상권은 말할 것도 없었다. 대부분 음식점에서 손님이 있는 곳을 찾아보기 어려웠고 점심때와 저녁때 잠시 장사가 되었지만 그때뿐이었다. 가장 손님이 많은 곳은 편의점이었다. 하지만 그나마도 걸어서 5분 거리에 같은 브랜드 편의점이 두 개나 더 있었다.

　그렇게 불황을 피부로 느끼면서 내가 살릴 수 있을 만한 아이템을 찾던 중 집 앞에 있는 커피 전문점이 눈에 띄었다. 며칠간 유심히 살펴보니 장사가 거의 되지 않는 상태였고 사장마저 의욕을 잃은 듯 보였다. 거기서 오히려 나는 커피 가게 창업을 떠올렸다. 갖가지 주방 설비가 필요한 음식보다 커피가 창업에는 더 나을 것 같았다. 커피 장비만 어떻게 할 수 있으면 돈을 들이지 않아도 수월하게 장사를 해볼 수 있겠다는 생각이 들었다.

　　　　　　　　　　/　프랜차이즈 상식을 깨다

며칠 뒤 나는 그 커피 가게 사장님을 찾아가 커피 장비를 빌려주시지 않겠느냐고 단도직입적으로 여쭤보았다. 그리고 어떤 계획이 있는지 궁금해하는 사장님에게 내가 무엇을 하려고 하는지를 설명했다.

사장님께서 커피 장비를 빌려주시면 저는 곧장 근처에 오랫동안 비어있던 상가로 가서 주인을 만나 뵐 생각입니다. 그리고 그분께 상가의 빈자리를 빌려달라고 말씀드릴 것입니다. 상가 주인 입장에서도 공실로 계속 놔두는 것보다는 그편이 더 나을 테니 수락하실 확률이 높습니다. 그렇게 되면 사장님께서는 장비를, 상가 주인께서는 공간을 빌려주시는 것이지요. 저는 노동력을 제공할 수 있습니다. 일종의 공동투자 같은 거로 생각하시면 됩니다. 사장님은 물자를, 상가 주인은 공간을, 저는 노동력을, 그렇게 해서 수익이 나면 배분을 하려고 합니다. 수익배분에 대해서는 아직 명확하게 생각해보지 않았으나 합의로 비율을 정해서 가져가면 서로에게 좋은 일 아닐까요?

사장님은 반신반의하면서도 그렇게만 된다면 장비를 빌려주겠다고 했다. 지금 생각해보면 일면식도 없는 낯선 청년에게 덜컥 장비를 빌려주겠노라 약속을 하신 커피 가게 사장님의 마음은 나에 대한 기대라기보다 지푸라기라도 잡고 싶은 절박함이 아니었을까 싶다. 그때는 나 역시도 사람들의 도움이 절실한 상황이었다.

내 원대한 계획의 첫 단계를 무사히 마치고 상가로 향했다. 상가 주인은 곤란한 기색을 내비쳤다. 이유인즉슨, 내가 내어달라는 그 자리는 현재 법적으로 주택 용도라 영업이 불가하다는 것이었다. 그 이야기를 들으니 왜 이곳이 그동안 계속 비어있었는지 알 수 있었다. 법적으로 그렇다니 말문이 막혔지만 나는 꼭 이 자리에 카페를 내고 싶었다. 못 먹는 감 찔러나 보자는 마음으로 나는 말했다.

그럼 제가 그 문제를 해결하면 이 자리를 카페로 내어주시겠습니까?

누가 알랴, 어쩌면 찔러보다 감이 뚝 떨어질지도 모르는 노릇이었다. 용도 변경을 신청하기 위해 관공서를 내 집처럼 드나들었다. 밥 먹을 시간도 없이 이리 뛰고 저리 뛰었다. 이쪽에 관한 지식이 전혀 없어 하나부터 열까지 공무원들에게 물어보며 처리해야 했다. 아마 힘들 거라는 말에도 나는 귀를 닫고 해볼 방법에만 집중했다. 발로 뛰며 담당자들을 열심히 붙들고 늘어진 결과 나는 한 가지 방법을 알게 되었다. 상가의 기준에 맞게 주택공간을 개조하는 것이었다. 그 자리에 보강 공사를 하면 용도를 주택에서 상가로 바꿀 수 있다는 사실을 알고 나는 곧바로 일을 실행했다. 그렇게 정화조의 용량을 늘려 상가 허가를 받았다.

그간의 노력이 헛되지 않은 것이다. 스스로 도전할 기회를 만들었다는 사실이 감격스러웠다. 지켜보던 공동투자자인 커피 가게 사장님과 상가 주인들은 진짜로 해낼 줄은 몰랐다는 반응이었다. 내 근성과 열정을 눈으로 직접 확인하신 두 분은 앞으로 한번 잘해보라며 내 어깨를 툭툭 두드려 주셨다.

올빼미의 학명을 지은이, CLARK

이곳에 카페를 열기로 마음먹었을 때부터 콘셉트는 정해져 있었다. 바로 '지친 사람들에게 안식처가 되어줄 수 있는 카페'였다. 칠흑같이 어두운 밤처럼 한 치 앞도 보이지 않는 불안한 시대, 그런 시대를 살아가는 사람들이 잠시 쉬었다 갈 수 있는 카페를 만들고 싶었다.

희망이라고는 찾을 수 없는 막막함, 그 기분을 누구보다 잘 알고 있다. 나 역시 힙합을 알기 전에는 어둠 안에 몸을 숨긴 채 그저 웅크리고 있었고 무언가를 시도해볼 용기도, 세상으로 나갈 용기도 없었다. 철저히 혼자인 그곳에서 슬펐고 외로웠다. 내가 세상으로 나올 수 있었던 건 힙합 덕분이었다. 지금 이 순간 어둠 속에 있는 사람들에게도 '그들만의 힙합'이 필요했다. 다시 힘차게 세상으로 나갈 수 있는 힘 말이다. 그러나 그 힘을 찾을 수 있는 건 자기 자신뿐이다.

그렇다면 그들을 위해 내가 할 수 있는 일은 무엇일까? 섣부른 조언이나 속 모르는 격려는 아무런 도움이 되지 않을 터였다. 지금 그들에게 필요한 것은 말없이 곁에 있어주는 존재였다. 위로도 격려도 하지 않고 옆에 그냥 그렇게 있어주는 존재, 그것이 카페였으면 싶었다. 그렇게 사람들이 자신의 목표를 찾을 수 있도록 도와주는 것, 혼자가 아니라고 알려주는 것이 나의 역할이라고 생각했다. 어둠 속에서도 자신을 잃지 않는 올빼미처럼 사방이 캄캄해도 주저앉지 말기를, 먼 곳을 바라보는 올빼미처럼 찬란한 미래를 상상하며 힘을 내기를, 그리스 신화 속 여신 미네르바를 의미하는 올빼미처럼 자기 안의 지혜와 슬기를 깨달을 수 있기를, 큰 두 눈으로 어둠 그 너머를 응시하는 올빼미처럼, 아침은 결국 오고야 만다는 것을 아는 올빼미처럼 말이다.

그렇게 청년들에게 해주고 싶은 말을 읊조리다가 카페 이름을 짓게 되었다. 어둠 속에서도 결코 희망을 잃지 않는 새, 올빼미가 우리 가게의 상징이 될 것이었다. 그래서 카페의 이름은 '클락'(CLARK)이라고 지었다. 클락은 올빼미에게 학명을 붙여준 사람의 이름이었다. 그가 올빼미를 발견하고 이름을 붙여주었듯 지금 어려운 시기를 보내고 있는 사람들도 자신의 진정한 가치를 알아주는 사람을 만났으면 하는 마음을 담아 카페 문을 활짝 열었다.

결론부터 말하자면, 카페 클락은 '대박'을 쳤다. 지친 삶에 희망이 된다는 카페 클락의 콘셉트가 사람들의 마음을 사로잡았다. 잘 만든 브랜드의 힘이었다. 남들이 게임에 열중하던 20대 때 항상 브랜드를 만드는 상상을 해온 나였다. 브랜드를 만드는 것이 내게는 곧 게임이었다. 그때의 경험 덕분에 브랜드를 만드는 건 나에게 생활과도 같았다. 괜찮다고 생각되는 브랜드가 있으면 특허청에 가서 바로 등록했다. 그러한 시간이 조금씩 모여 클락과 같은 대박 브랜드를 만든 원동력이 된 것이다.

브랜드 안에 녹아있는 스토리가 진정성이 있으면 사람들은 그 브랜드를 기억했다. 카페 콘셉트와 스토리가 맞아떨어진 브랜드라면 사람들의 기억 속에 더욱 강렬하게 남을 수 있었다. 주변에 브랜드를 알리기도 더 쉬웠다. 카페 클락의 스토리와 콘셉트가 입소문을 타고 매출은 나날이 올랐다.

젊은 세대를 공략한 인테리어도 성공 요인이었다. 처음 인테리어 콘셉트를 잡을 때 젊은 여성들의 감각을 고려해 카페를 꾸미고 싶었다. 여러 번의 시뮬레이션 끝에 깔끔한 도시적인 분위기에 빈티지의 거친 느낌을 더해 가볍지 않으면서도 편안한 분위기를 만들 수 있었다.

하지만 인테리어만으로 내가 원하는 분위기를 100% 만들 수 없었다. 카페에서 흘러나오는 음악도 세심하게 선정해야 분위기를 완성할 수 있었다. 그렇기에 카페에서 흘러나오는 음악도 최신가요 같은 대중적인 음악이 아니라 트랜디한 분위기와 어울리는 힙합을 선곡했다. 자유분방하면서 무한한 가능성을 지닌 젊음, 그것을 표현하는 데 힙합만 한 것은 없었다.

카페 외관에도 신경을 썼다. 사람들에게 가장 먼저 인식되는 것은 커피 맛도, 내부 인테리어도, 스토리 있는 브랜드도 아닌 외관이었다. 밖에서도 카페의 콘셉트와 스토리를 느낄 수 있도록 미네르바의 신전인 파르테논에 착안해 일정한 간격으로 기둥을 두고 그 사이에 창문을 만들어 내부를 볼 수 있도록 꾸몄다.

그렇게 하나하나 세심하게 계획해 만들어낸 카페였다. 카페 바깥부터 안까지 내 손이 닿지 않은 데가 없었다. 그렇게 만든 그 카페에 사람들이 가득했다. 내가 늘 꿈꿔왔던, 생생하게 상상했던 그 장면 그대로였다. 그간의 노력이 결실을 보았다는 사실이 무엇보다 기뻤다. 그 누구의 도움도 없이 나 혼자 일구어낸 성공이었기에 더욱 값졌다.

열정이 빛나던 시절 : 불가능을 가능케

그 시절의 나를 한 문장으로 정의한다면 바로 이 문장일 것이다.

안 되면 되게 하라.

일단 하겠다고 마음먹으면 무슨 수를 써서라도 해내야 했다. 커피 가게 사장님에게 커피 장비를 빌린 것도, 관공서까지 직접 발로 뛰며 공간을 빌린 것도 모두 안 되는 것을 되게 하려고 한 일들이었다. 안 되는 것을 되게 할 수 있었던 이유는 간단했다. 그냥 '단순하니까' 가능한 일이었다. 생각이 많았다면 오히려 나는 도전할 수 없었을 것이다.

인간의 뇌는 항상 하던대로 하려는 습성이 있어서 지금 상태에서 벗어나려 하지 않는다. 그렇기에 도전을 싫어하는 뇌는 불확실한 미래의 모든 가능성을 재고 따질 것이고 그렇게 부정적인 결과에 초점을 맞추다 보면 지나치게 신중해져 행동하기가 어려워진다. 물론 신중함은 리더가 반드시 갖추어야 할 덕목이지만 필요 이상으로 신중하다가는 기회를 놓칠 수도 있다.

나는 아주 단순하게 접근했다. 내가 하고 싶은 것, 즉 내 돈을 최대한 적게 들여 가게를 열겠다는 목표에만 집중했다. 하지 않는 건 애초에 생각조차 하지 않았다. 이처럼 할지 말지를 고민하는 것이 아니라 일단 '하겠다'고 못을 박으면 우리 뇌는 그때부터 어떻게 해낼까를 생각하기 시작한다. '할까, 말까?'에서 출발하는 사람과 '일단 하겠다'에서 출발하는 사람은 볼 수 있는 것이 다를 수밖에 없다. 하지 않겠다고 생각하면 변명만 떠오르지만 하겠다고 생각하면 할 방법이 보이는 것이다. 해내고야 말겠다고 생각하면 거짓말처럼 보이지 않던 것이 보이는 '기적'이 일어나기도 했다. 복잡하게 생각하지 않고 본질에 충실한 것, 그것이 내 도전의 비결이었다.

방법이 보이지 않는다며 도전을 유예하는 사람들을 종종 본다. 그들에게 나는 이렇게 묻고 싶다.

정말로 보이지 않는 것인가, 아니면 못 본 척하는 것인가?

다른 사람은 다 속여도 자신을 속이지는 못한다. 내가 원하는 것만 아주 단순하게 생각하고, 그 방법을 찾다 보면 불가능해 보이는 일도 조금씩 실마리가 풀리기 마련이다. 어차피 다 사람이 하는 일이기에 어렵기는 해도 절대 안 되는 것은 없다. 그러나 그것도 강한 자기 확신이 있어야 가능한 일이다. '하다가 안 되면 말지, 뭐' 하는 마음가짐으로 시작했다가는 작은 문제만 생겨도 그것을 핑계 삼아 포기할 확률이 높다. 그렇기에 불가능을 가능케 하는 힘은 해내고 말겠다는 강한 의지와 할 수 있다는 자기 확신, 그 두 가지로부터 비롯된다.

여기까지 왔다면 그다음은 오로지 열정의 몫이다. 진정으로 하고 싶은 일이라면 열정을 다하는 것은 어렵지 않다. 그러니 누가 시키지 않아도 자기가 좋아서 하는 일, 그런 일을 찾는 일이 선행되어야 함은 물론이다.

자기 일에서 성취감이나 만족감을 얻지 못한다는 사람들의 이야기를 들을 때마다 나는 안타까운 마음이 앞선다. 꿈을 꾸고 그것을 이루기 위해 노력하는 것은 인간만이 누릴 수 있는 특권인데, 이를 즐기지 못한다면 그 즐거움 중에서 하나를 잃어버리는 꼴이다. 행복한 일, 꼭 해보고 싶은 일, 즐거운 일만 해도 짧은 인생이다. 황금 같은 그 시간을 내가 좋아하지 않는 일에 쓰며 보낸다면 억만금이 있어도 그게 무슨 소용이겠는가? 따라서 자신이 열정을 다할 수 있는 일을 찾는 것이 이 모든 일의 시작이라 할 수 있다.

그런 의미에서 나는 복 받은 사람이다. 내가 원하는 것을 젊은 나이에 알았고, 시행착오를 거쳐 꿈을 이루는 방법을 찾아냈으니 말이다. 내가 이룬 첫 번째 꿈인 카페 클락은 사람들의 사랑을 한몸에 받으며 나날이 성장해 가고 있었다. 단골손님이 생긴 것은 물론 원두 공급처를 알고자 오는 예비 카페 창업자까지 있었다.

이것만으로도 충분히 값진 성공이었다. 그러나 이것이 끝이 아니었다. 프랜차이즈화 단계가 아직 남아있었다. 카페 클락의 콘셉트를 마음에 들어 하는 사람들이 나타나면서 카페 클락이 몇 개의 분점을 내게 된 것이다. 예상보다 빠른 일이었다. 가게의 대박에서만 그치지 않고 브랜드를 퍼뜨려 '프랜차이즈'화 한다는 개념은 늘 생각해오기는 했지만, 아직 때가 아니라는 판단에 차후로 미뤄뒀던 일이었다. 우선 성공의 경험을 만드는 것이 지금 당장 프랜차이즈를 구상하는 것보다 더 중요하다고 생각했기 때문이었다.

타이밍이 잘 맞아 카페 클락은 근처 호텔과 병원을 비롯한 곳곳에 분점을 내게 되었고 나는 본점에 더해 두 지점까지 관리하는 카페 사장이 되었다. 내 브랜드를 현실에서 프랜차이즈화 하는 데 성공한 것이다. 프랜차이즈는 기본적으로 본사가 지점에게 자신의 브랜드를 쓸 수 있도록 해주고 지점은 그 대가를 지불하는 거래 관계다. 그래서 프랜차이즈 점포를 열면 본점의 상표나 상호뿐만 아니라 재료, 시스템, 인테리어 등 사업 전반에 걸친 여러 사항을 본점과 똑같이 할 수 있었다. 한 마디로 본점과 똑같은 가게가 하나 더 생기는 것이다.

카페 클락은 커피나 음료를 파는 곳이기 때문에 지점과 원두와 재료, 레시피를 모두 공유했다. 카페 사업은 직접 만드는 재료보다 납품받는 재료가 더 많아서 어렵지 않게 프랜차이즈화를 할 수 있었다. 다행히 지점들은 매출이 잘 나오는 편이었다. 내가 가르쳐준 방식으로 성공한 분들의 밝은 표정을 보니 기쁨과 동시에 뿌듯함이 느껴졌다. 내가 누군가에게 도움이 될 수 있다는 사실에 기분이 묘했다. 카페 클락은 내가 처음으로 이룬 꿈이었다. 꿈을 이뤘을 때의 그 성취감은 이루 말로 다 표현할 수 없을 정도였다.

성공을 한 번 해보니 또 다른 일을 벌여보고 싶었다. 카페가 내 꿈의 종착역은 아니었기에 나는 조금씩 다른 분야의 사업에도 관심을 가졌다. 신이 나서 힘든 줄도 모르고 매일 미래의 나를 상상했다. 돌이켜보면 그때가 내 열정이 가장 찬란하게 빛나던 시절이었다.

03
주스와 호프 가게 창업의 실패

과일 음료 전문점 MIXX

여러 분야의 아이템을 생각해봤지만 지금 내가 하고 있는 사업이 커피 관련 사업이다 보니 자꾸 그쪽으로 생각이 뻗어 나가는 건 어쩔 수 없었다. 카페 클락을 운영하면서 사람들이 원하는 것을 파악하기 위해 노력했다. 카페 클락에 관한 의견을 듣기 위해 메뉴에 대한 손님들의 생각을 꾸준히 조사하고 단골 손님들에게 아쉬운 점이 없는지 물어보는 등의 다양한 노력을 했다. 부족한 부분이 있다면 그 점에 착안해 또 다른 영감을 떠올릴 수 있을 것 같았다.

　카페 클락이 커피 전문점이기는 하지만 커피를 좋아하지 않는 사람의 입장에서는 오기 어려운 곳이라는 의견이 많았다. 카페인 때문에 커피를 즐기지 않는 사람도 많고 평소에 커피를 너무 자주 접하기에 커피 말고 다른 음료가 필요할 때가 있는데 그런 메뉴가 부족하다는 것이다. 실제로 손님들이 "커피 말고는 없나요?"라고 물어오는 경우가 적지 않았다. 이런 손님들은 대개 두 부류로, 한 부류는 카페인에 예민해 커피를 마시지 못하는 부류이고 또 다른 부류는 커피 말고 좀 더 건강을 생각할 수 있는 음료를 원하는 분들이었다. 그러나 카페 클락은 커피 전문점이라는 콘셉트를 최대한 살리기 위해 대부분 메뉴를 커피 종류로 구성한 터라 그런 분들께 권해드릴 음료가 마땅히 없었다. 에이드와 같은 스파클링 음료나 스무디 종류가 있기는 했지만, 선택의 폭이 좁았고, 거의 설탕이 포함되어 있어 건강 음료로 권할 수도 없었다. 고민 끝에 결국 아메리카노를 연하게 시키는 손님들을 볼 때마다 죄송한 마음이 들곤 했다.

커피를 마시지 않는 사람도 부담 없이 마실 수 있으면서 건강을 챙길 수 있는 음료가 필요했다. 그런 아이템은 크게 세 가지, 즉 한방차나 허브티, 과일 음료였다. 젊은 층을 겨냥해 한방차를 만드는 것은 투자 대비 큰 소득이 없을 것 같았고, 허브티 역시 젊은이들이 선호하는 메뉴는 아니었다. 반면 과일 음료는 젊은 층의 감성에도 맞고 초보자도 쉽게 상품화를 할 수 있을 것 같았다.

그러나 카페 클락은 콘셉트 상 과일 음료를 팔기가 어려울뿐더러, 아무래도 전체 비율을 보면 커피를 드시러 오는 분들이 훨씬 많기 때문에 과일 음료 몇 가지를 추가하게 되면 재료를 관리하기가 힘들 것 같았다. 시판되는 과일 주스를 컵에 부어주는 것이 아니라 가게에서 직접 과일을 갈아야 했는데 과일 음료를 시키는 분이 열 명 중 서너 분이라 해도, 신선도가 생명인 과일은 보관기간이 짧아 버리는 재료가 더 많을 터였다. 제철이 아닌 과일은 냉동 과일을 쓴다고 해도 생과일 주스의 맛과 향을 따라갈 수는 없으니 생과를 쓰는 것을 기본으로 해야 했다.

　이런 문제점을 해결하려면 과일 주스를 전문으로 하는 가게를 내는 것이 제일 좋았다. 그렇게 하면 과일을 대량으로 싸게 가져올 수 있고, 장사가 잘 되면 재료가 빨리 소진되어 더욱 신선한 과일 주스를 공급할 수 있었다. 또한, 과일 주스는 전문적인 기술이 있어야 제조할 수 있는 것이 아니라 레시피대로 정량만 넣으면 어느 정도 맛이 보장되었기에 프랜차이즈화를 하기도 좋을 것 같았다. 게다가 카페와 달리 테이크아웃 비율이 더 높고 장비도 많지 않을 테니 점포가 그리 크지 않아도 얼마든지 차릴 수 있을 것이었다. 생각대로만 된다면 승산이 있었다.

　그렇게 카페에 이어 과일 음료 전문점도 창업했다. 여러 가지 과일을 섞어 갈아낸다는 의미에서 브랜드명은 'MIXX'로 정했다. 아무래도 과일 음료는 확실히 젊은 층에 인기가 있을 거라는 판단으로 시내 상권에서 자리

를 찾았다. 많은 사람이 볼 수 있으면서 유동인구가 많은 곳, 오가면서 가볍게 한 잔 사 먹기 좋은 곳을 찾으니 시내 상권 안에서도 대로가 옆에 있는 1층 자리가 제격이었다. 하지만 시내 상권의 중심에서도 대로변이니 권리금과 임대료가 어마어마했다. 그래도 카페 영업에서 한 차례 성공을 거둔 터라 자본금은 충분했다. 무엇보다 그 당시 나는 음료 사업 역시 내 방식대로 잘해나갈 수 있을 거라는 믿음이 있었다. 과감하게 계약을 하고 가게를 개점했다.

젊은 세대가 과일 음료를 좋아할 것이라는 예상은 적중했다. MIXX는 항상 사람들로 북적였다. 줄이 생기는 날도 많았다. 그러나 MIXX는 결론적으로 실패한 사업이었다. 적어도 장사가 잘 되면 남는 게 많지 않더라도 어떻게 운영은 가능할 줄 알았다. 그러나 그것은 착각이었다. 커피는 한 잔당 원가 비율이 그리 높지 않았다. 임대료와 인건비 등을 모두 따지면 커피 값의 30% 정도는 이익으로 남길 수 있었다. 하지만 과일 음료는 커피와 비교하면 원가가 높았다. 일단 과일 자체가 원두보다 비싸고, 물이나 우유에 에스프레소를 더하는 커피와 달리 과일 음료는 과일과 약간의 물, 시럽, 얼음만으로 맛을 내야 해 과일이 더 많이 들어갔다. 그러니 한 잔을 팔아도 이익이 거의 남지 않았다.

저가형 과일 주스 업체들이 이미 시장에 많이 진출해 있었다는 점도 경영난을 가중시키는 요인이었다. 저가형 과일 주스 업체들은 대개 가맹점 형태여서 본사로부터 과일을 싸게 공급받을 수 있었다. 외국 농장과 계약을 하거나 정기적으로 물건을 받는 곳이 있어서 저렴한 가격을 유지할 수 있었다. 나 또한 과일 경매장이나 농원에서 시중보다 저렴한 가격에 가져오고는 있었지만, 프랜차이즈와 취급하는 과일의 양 자체가 다르니 상대적으로 비싼 가격에 떼 올 수밖에 없었다. 이익을 더 남기려 판매가를 조정하려고 해도 다른 가게들이 워낙 싼 가격에 음료를 파니 가격을 올렸다간 손님을 다 잃을 것이었다. 맛의 차이가 거의 없는 과일 주스를 누가 2배나 비싼 가격을 주고 먹으려 하겠는가?

게다가 내가 종일 가게를 지키고 있을 수도 없는 노릇이라 직원까지 고용했으니 임대료와 인건비, 재료비를 빼면 남는 게 없었다. 그래서 주스 사업은 겉으로 보기에는 호황이었지만 속은 불황이었다. 이대로는 안 되겠다 싶었다. 그러나 할 수 있는 것이 없었다. 손님이 없는 것도 아니고 시스템 문제도 아니니 내가 어떻게 할 수 있는 문제가 아니었다.

과일 주스 가게 경영을 카페 경영과 똑같이 생각한 게 실수였다. 과일 주스 사업을 하려면 원가 계산이 반드시 필요하다는 사실을 몰랐다. 이는 꼭

/ 프랜차이즈 상식을 깨다

과일 주스에만 국한된 것이 아니라 앞으로 내가 할 모든 사업에도 적용할 수 있는 교훈이었다. 미련이 남아 어렵사리 적자 경영을 이어가다가 매몰 비용을 과감하게 포기해야 한다는 한 사업가의 조언이 떠올랐다. 이때까지 투자한 비용이 아까워서 사업을 이어나가면 더 큰 손해를 볼 확률이 높다는 말이었다. 투자한 금액을 거의 전부 회수하지 못한 상태였지만 더 어려워지기 전에 손을 떼는 것이 맞았다. 승산 없는 싸움에서는 아군의 생존을 도모하는 것이 다음 싸움을 준비하는 가장 현명한 방법이다. 가게를 접었다. 쓰디쓴 실패였다.

콘셉트 있는 호프집, 한 달의 마법이 끝나다

그래도 내게는 카페 클락이 있었다. 실패해도 돌아갈 곳이 있다는 사실에 마음이 놓였다. 얼마 지나지 않아 나는 MIXX에서 본 손해는 수업료라고 생각할 수 있을 만큼 여유를 되찾았다.

음료 위주로 판매를 해봤으니 이번에는 음식을 팔아보고 싶었다. 내가 정말로 하고 싶었던 것은 외식 사업이었다. 하고 싶었던 것을 이번 기회에 해보는 것도 괜찮을 것 같았다. 본격적으로 레시피를 구상해 승부수를 띄우기에는 부담이 있어서 우선은 호프집을 열어 다양한 안주 요리를 해보기로 했다. 호프집에서 손님들의 반응을 보면 그다음 사업 아이템도 자연히 가닥이 잡힐 것 같았다. 게다가 호프집은 술을 팔아 얻는 수익이 커서 그 이익으로 음식 재료비를 충당하고도 남았다. 주스 가게만큼 재료비 걱정을 크게 하지 않아도 되는 것이다.

'어떤 호프집이 좋을까?' 고민을 시작했다. 어차피 술은 마시는 사람이 많이 마시기 때문에 회전율이 빠른 스몰비어보다 회전율이 좀 낮더라도 술을 많이 시키는 손님이 많은 게 낫다고 생각했다. 손님들을 오랫동안 가게에 머물게 하기 위해서는 널찍한 공간과 쾌적한 환경이 중요했다. 좁은 자리에서 오랜 시간을 머물기는 힘들다.

그래서 이번에는 넓은 장소로 입지를 선정하고 손님들이 편안함을 느낄 수 있는 콘셉트로 인테리어를 꾸몄다. 안주는 기본 안주에 메인으로 낼 수 있는 메뉴 몇 가지를 추가해 구색을 갖췄다. 여기는 음식점이 아니니 안주의 다양화나 고급화보다는 일반적으로 접할 수 있는 친숙한 안주를 선보이는 게 낫겠다는 판단에서였다. 구관이 명관이라고 많은 곳에서 비슷한 안주를 내놓는 것은 그만한 이유가 있을 터였다. 대신에 들여오는 술의 종

/ 프랜차이즈 상식을 깨다

류를 다양화했다. 군더더기를 빼고 기본에 충실한 호프집, 그것이 이번 사업의 콘셉트다.

오픈 준비가 다 된 가게를 둘러보며 나는 이번에는 진짜 잘 될 거라고 확신했다. 예감은 맞았다. 다양한 술이 있는 호프집으로 알려져 주위 대학생들과 젊은 층이 가게를 많이 찾았다. 이번에도 콘셉트가 제 역할을 톡톡히 한 것이다. 한동안 나는 카페와 호프집을 오가며 눈코 뜰 새 없이 바빴다. 술도 커피도 이윤이 보통 이상은 남아서 목돈을 마련하기엔 제격이었다.

호프집이 안정되는 대로 다시 카페 업무에 집중하고 싶었다. 커피는 늘 맛을 유지하기 위해 신경을 써야 했고, 새 직원들이 오면 교육부터 해야 했기 때문에 자리를 쉽게 비워둘 수 없었다. 하지만 호프집은 술을 납품받아 맛에 신경 쓸 필요가 없었고, 안주도 조리 과정이 그렇게 까다롭지 않았다.

그래서 개업 후 한 달이 지났을 때 나는 과감하게 가게 일에서 손을 떼고 매니저와 요리사, 서버를 각각 고용해 가게를 운영했다. 지금처럼 매출이 앞으로도 쭉 유지되어 인건비와 임대료를 제외하고도 내가 가져갈 수 있는 수익이 있을 거라 철석같이 믿었다. 하지만 웬걸 첫 한 달이 지나고부터 호프집 매출은 점점 떨어지기 시작했다.

당황스러웠다. 일시적인 현상일 것이라 생각하며 직원들에게 가게를 맡겨놓았지만 상황은 점점 나빠졌다. 전과 바뀐 것이 하나도 없는데 갑자기 사람들의 발길이 뚝 끊긴 이유를 나로서는 알 도리가 없었다. 첫 한 달의 마법을 떠올리며 '한 달만 더 한 달만' 하며 버텼지만 손해는 점점 커졌다. 그 와중에 직원들 사이의 갈등이 있어 사람이 몇 차례나 바뀌기도 했다.

총체적 난국이었다. 이유가 뭘까 골똘히 생각했다. 직원들이 일하는 것을 지켜보기도 했고 관련 자료들을 찾아보기도 하면서 며칠에 걸쳐 상황을 파악한 후에야 나름의 결론에 도달할 수 있었다.

인력에 의존해야 하는 운영 방식

이 모든 사태가 운영 방식의 문제였다. 카페를 할 때에는 내가 직접 고객들과 소통하며 의견들을 바로 반영할 수 있었다. 브랜드에 대한 이해가 충분하니 주인의식이 강한 것은 물론이고, 콘셉트대로 가게를 끌고 가기도 쉬웠다. 그러다 보니 자연스럽게 손님들도 카페 클락의 콘셉트를 이해하게 되고 일관성 있는 콘셉트를 통해 편안함을 얻을 수 있었다.

그러나 호프집 사업은 내가 일선에 나서서 경영하는 방식이 아니었다. 그것이 문제였다. 개업 후 첫 한 달 정도는 내가 발로 뛰며 영업을 했지만, 이후에는 영역별로 외부에서 인력을 구해 일을 맡겼다. 이 방식의 가장 큰 문제점은 인력에 너무 많은 것을 의존해야 한다는 데 있었다. 직원 개개인의 역량에 따라 서비스에서 차이가 발생했다.

숙련된 요리사라면 다양한 메뉴를 금방 소화해낼 수 있고 주문이 밀렸을 때 무엇부터 해야 할지를 알지만, 그렇지 못한 경우 우왕좌왕하다 놓치는 것이 생기기 마련이었다. 서버 역시 숙련된 사람은 어려운 상황에서도 손님을 잘 응대하지만, 그렇지 못하면 손님들에게 불편함을 줄 수 있었다. 사람의 능력 자체가 계량화할 수 있는 것이 아니다 보니 그것이 결과에 큰 변수로 작용하였다. 주인의식은 말할 것도 없었다. 그들은 고용된 직원으로 월급을 받아가기 때문에 특별히 주인의식을 가질 이유가 없었고, 사장이라고 해서 그것을 강요할 수도 없었다. 잘못이 있다면 그들에게 호프집 콘셉트를 이해할 충분한 동기와 기회를 주지 않은 내 잘못이었다.

이제까지 매출이 부진했던 이유를 그제야 알 수 있었다. 오픈 초반 손님들에게 어필했던 열정과 스토리, 친절한 서비스가 이제는 전해지지 않으니 굳이 이곳에 올 이유가 없었다. 나는 그제야 시스템화의 중요성을 깨달았다. 시스템화 한다는 것은 누가 와도 가게가 문제없이 돌아갈 수 있다는 것을 의미했다. 맥도날드나 스타벅스와 같은 프랜차이즈가 전 세계에서 성공을 거둔 것도 이와 무관하지 않다고 본다. 언제 어느 매장에 가더라도 같은 서비스를 같은 비용으로 누릴 수 있다는 것이 맥도날드와 스타벅스의 가장 큰 특징이자 강점이었다. 이러한 기업들처럼 사람에 따라 제품의 질적인 차이가 나지 않도록 하려면 결국 시스템이었다.

뼈아픈 실패와 깨달음

모든 과정이 단계별로 나뉘어 일률적으로 진행되는 시스템을 구축해야 프랜차이즈화 하기 쉽다. 프랜차이즈 사업의 핵심은 저비용 고효율에 있는데, 그러기 위해서는 사람에 따라 서비스의 차이가 들쭉날쭉하지 않고 누가 해도 같은 결과물을 만들어낼 수 있는 시스템이 있어야 한다. 그 시스템이 프랜차이즈 사업의 전부라고 해도 과언이 아니다.

프랜차이즈 시스템의 중요성을 말하는 전문가들은 프랜차이즈 사업을 구상하고 있다면, 3S(Simplification, Standardization, Specification)를 최대한 활용할 수 있는 아이템을 선정하는 것부터 시작하라고 말한다. 다시 말해, '제조 기술이나 판매 노하우가 단순하여 배우기 쉽고, 적용이 쉬워야 하고, 매뉴얼 등을 통한 표준화로 누구나 운영할 수 있어야 하고, 고객에게 차별화된 효용가치를 제공할 수 있어야 성공할 수 있다'는 것이다. 간소화, 표준화, 그리고 특수화, 프랜차이즈 사업을 하려는 사람이라면 이 세 가지를 절대 잊어서는 안 된다.

그런 측면에서 호프집은 시스템화하기 어려운 업종이었다. 조리 방식을 간소화하고 표준화하는 것은 반제품을 쓰지 않는 한 거의 불가능했고 이곳을 찾아야 할 만큼 특수한 아이템도 거의 없었다. 수제 맥주나 안주 몇 가지 정도로 특수화를 할 수 있을 뿐 그 이상은 불가능했다. 호프집을 아이템으로 잡은 것이 실수였다. 그나마 첫 달은 나의 열정으로 어렵사리 굴러갈 수 있었지만, '열심히'의 마법은 언젠가 끝나기 마련이었다. 아무리 열심히 해도, 잘하지 못하면 오래갈 수 없었다. 아니나 다를까, 결국 호프집은 실패였다.

그 시기는 경험을 통해 성장할 나를 상상하며 넘기는 수밖에 없었다. 후회 없이 최선을 다한 것, 적어도 그것만큼은 사실이었다. 하지만 나 자신에게 좀 더 엄격할 필요를 느꼈다. 그 누구도 아닌 스스로에 대한 실망이 가장 괴로웠다. 그럼에도 앓고 지나가야 할 일은 앓고 지나가는 게 맞았다. 구구절절 자기변호를 하지 않고 단호하게 자신의 행동과 결정의 책임을 지는 것이 사업가의 자질이었다. 지금 이 '앓음'이 '앎'이 될 때까지 앓고 또 알아야 했다.

결국, 제대로 준비하지 않고 덤빈 내 잘못이 컸다. 그야말로 오만이었다. 모든 사업은 할 때마다 초심으로 돌아가 철저하게 준비해야지만 성공 근처에라도 간신히 가볼 수 있다. 실패를 인정했다. 그동안 자만했음도 인정해야 했다.

주스 사업은 나에게 원가계산의 필요성과 방법을 깨닫게 해주었고, 호프 사업은 내게 시스템화의 중요성을 일깨워주었다. '실패는 잊되 깨달음은 기억해야 한다.' 이것이 내가 두 번의 실패에서 얻은 교훈이었다. 물론 당장은 어렵겠지만 이렇게 천천히 회복하다 보면 언젠가 또다시 도전할 수 있을 것이었다. 이 경험들을 잊지 않고 가슴에 새긴다면 언젠가는 내게 큰 도움이 될 수 있을 것이라 믿는다.

02 [현장 경험] 10년 동안의 좌충우돌 외식 사업

1 소자본, 성공보다 경험을 쌓아라!

보통 창업을 결심하는 사람들은 첫 사업부터 떼돈을 버는 상상을 하는 경우가 있다. 나도 예외는 아니었다. 그러나 실제로 첫 사업부터 소위 말하는 대박을 치는 사례는 흔치 않다. 특히 자본금이 넉넉하지 않다면 말할 것도 없다. 그렇다고 창업에 덤비지 말란 것도, 성공을 꿈꾸지 말란 것도 아니다. 일단 해라. 적은 돈을 이리저리 굴리며 머리를 써보는 과정에서 얻는 경험이 소중한 자산이 될 것이다. 돈을 벌지 말고, 경험을 벌어라.

2 현장조사 + 지식 + 리더십 = 오너의 조건

경험은 매우 중요하지만 잘 모르는 사람이 무작정 쌓는 경험은 실패로 이어지기 쉽다. 많이 보고 듣고 배우면서 그 이상을 얻어내려는 노력이 있어야 무엇을 경험해도 얻는 것이 생긴다. 기본기를 쌓아라. 현장에서 배우는 것이 따로 있고 책에서 배우는 것이 따로 있다. 두 마리 다 잡지 못한다면, 성공하는 오너가 될 수 없다.

3 성공과 실패, 연연하지 마라!

나는 첫 현장 경험에서 열정을 바쳤고 그에 합당한 보상을 받았다. 하나는 성공이고 하나는 실패였다. 결과는 달랐으나 두 가지 모두 하나의 방향을 향하고 있었다. 커피 가게와 주스 가게, 호프 가게는 각각 다른 결과를 내었으나, 결과는 그리 중요하지 않았다. 결론적으로 내가 얻은 것은 다음 사업을 위한 발판이었다. 만약, 결과에 메여 성공 가도에 취해 살거나, 실패에 낙심만 하고 있었다면 유로코피자는 존재하지 않았을 것이다.

4 원가 계산과 매장의 시스템화

성공과 실패의 경험에서 나는 큰 깨달음을 얻었다. 나는 상상에 능한 사람이었다. 그래서 콘셉트, 스토리, 브랜드 같은 보이는 것에는 자신이 있었다. 그러나 디테일한 부분은 놓치고 있었다. 이것을 깨닫기 위해 뼈아픈 경험과 지출이 필요했다.

첫째는 원가계산이다. 음식의 품질이 좋고 맛이 뛰어나더라도 원가가 너무 많이 든다면 헛짓이다. 사업을 하는 이유는 돈을 벌기 위해서다. 이윤이 창출되지 않는 사업을 굳이 해야 할 이유가 무엇인가?

둘째는 시스템화이다. 아무리 오너가 콘셉트를 잘 잡아도 직원에게 콘셉트를 이해시키지 못한다면 일하는 사람에게조차 전달되지 않은 콘셉트가 손님에게 전달될 리 없다. 이 또한 나의 열정을 허공에 뿌리는 셈이다. 외부 인력을 잘 활용하기 위해서는 시스템이 갖추어져 있어야 한다. 비로소 그때 프랜차이즈화도 가능하다.

실패 요인과 성공 요인을 자세히 분석했을 때 나는 이 두 가지의 소중한 깨달음을 얻었다. 그리고 그 후 보란 듯이, 실패를 딛고 유로코피자로 승승장구의 길을 걷게 된다. 우리는 결과만 보는 경향이 있다. 하지만 우리가 결과라고 생각했던 것도 사실은 과정의 일부일 수 있다. 그리고 결과를 과정으로 만드는 것은 바로 본인이다. 창업을 생각한다면, 결과가 아닌 과정을 보며 자만도 좌절도 하지 말고 꿋꿋하게 나아가길 바란다.

BREAK FRANCHIS

프랜차이즈
상식을 깨다

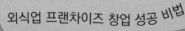

외식업 프랜차이즈 창업 성공 비법

03

[경험에서 배우다]

창업의
기본을 배우다

희망하는 업종에 따라 요구되는 정보와 지식은 다르지만 공통으로 해당하는 사항이
분명히 존재한다. 혹자는 이것을 '기본'이라고 한다. 기본만 지켜도 중간은 간다.

01

피자 가게로 일어서다

두 번의 실패에서 얻은 교훈은 뼈가 저릴 정도였다. 단 한순간도 최선을 다하지 않은 적이 없었기에 더더욱 그러했다. '이제 어디로 가지?' 만감이 교차했지만 포기할 생각은 없었다. 한 가지 목표를 위해 후회 없이 모든 것을 걸어본 사람에게 실패는 좌절할 이유가 아니라 다른 방법을 찾아야 할 이유였다.

긍정적으로 생각해보면 어차피 한 번은 겪어야 할 일이었다. 세상 모든 사람이 실패를 겪는데 나라고 항상 성공하란 법은 없었다. 게다가 실패 없이 성공만 이어진다면 내 마음 한구석에는 자만하는 마음이 생겨날 수 있다. 몇 번의 성공에 의기양양해져 다른 사람의 말은 듣지 않고 내 고집대로만 일을 밀어붙이는 사람이 될 수도 있다. 하지만 직원들의 말에 귀 기울이지 않는 독단적인 리더가 있는 조직이 오래갈 리 없다. 사람을 잃으면 모든 것을 잃는 것이라는 마음으로 상대의 처지에서 생각하고 행동하는 리더만이 조직을 훌륭하게 이끌어 갈 수 있다. 그렇기에 나도 자만하지 말고 언제나 겸손하게 초심대로 나아가고자 했다. 이처럼 실패는 내 인생에 불쑥 들이닥쳐 잊고 있는 것이 무엇인지 상기시켜 주었다.

돌이켜보면, 오히려 성공보다 실패에서 더 많은 것을 배울 수 있었다. 웃으며 실패의 추억을 되돌아볼 것인가, 과거에 붙들려 자신의 인생마저 실패작으로 만들 것인가? 선택은 온전히 나의 몫이었고, 다시 한 번 해보고 싶었다. 이대로 꿈을 접고 싶지는 않았다. 여기서 그만두면 평생 미련이 남을 게 분명했다. 남은 인생을 '그때 그랬더라면…' 하고 후회하며 살아갈 바에야 실패하더라도 끝까지 가는 게 낫다고 생각했다.

답은 이미 나왔다. 실패에서 얻은 교훈을 가슴에 새기고 한 번 더 도전해야 속이 후련할 것이었다. 나는 머릿속으로 새로운 도전을 다시금 준비하고 있었다.

유럽과 코리아 = 유로코 (EURO+KO)

창업을 하려면 가장 먼저 아이템을 선정해야 한다. 무엇으로 승부를 볼 것인지 아이템만 잘 골라도 사업은 반 이상은 성공한 셈이다. 그래서 나 역시 괜찮은 아이템을 찾기 위해 번화가와 골목 상권을 부지런히 다녔다. 5분만 걸어도 요즘 유행하는 것이 무엇인지 대번에 알 수 있었다. 그러나 유행에 휩쓸리면 망하는 것도 한순간이다. 새로운 아이템으로 창업한 가게 근처에 비슷한 가게가 우후죽순 생겨 손해뿐인 가격 경쟁을 하다가 다 같이 망하는 것을 나는 여러 차례 보았다. 잠깐 확 떴다가 금새 거품이 빠지는 아이템도 수없이 보았다. 결국, 단타를 칠 것이냐, 장타를 칠 것이냐의 문제였다. 물론 나는 장타를 노렸다. 그렇기에 한순간의 인기에 편승하지 않고 꾸준히 오래가는 아이템을 찾아야 했다.

포만감 있는 음식 종류가 오래갈 수 있는 않을까 싶었다. 한 번씩 찾아 먹게 되는 간식거리 말고 끼니도 되고 간식도 되고 술을 곁들여 먹어도 괜찮은 그런 음식이 대다수 사람에게 '먹힐' 것 같았다. 큰 틀을 그렇게 정한 후 디테일을 고민했다. 여러 사람의 입맛에 맞게 만들 수 있으면서 간편하게 먹을 수 있는 음식, 동시에 작은 점포, 적은 인력으로도 운영할 수 있는 메뉴는 무엇일까? 이런저런 생각을 하다가 나는 불쑥 나타난 선간판을 보고 멈춰 섰다. 골똘히 생각하느라 선간판이 있는 줄도 모른 채 걷고 있었다.

한 판에 9,900원! 15분만 기다리시면 됩니다! OO 피자

지나칠 수도 있었지만 멈춰 섰다. 그리고 생각했다. 우연히 보게 된 이 특별할 것 없는 피자 가게 간판이 내 인생을 완전히 바꾸어놓을 수 있다는 예감이 들었다. 이유를 명확하게 설명할 수는 없었지만 직감이 그렇게 말하고 있었다.

피자는 내가 원하는 창업 아이템의 조건에 딱 들어맞았다. 남녀노소 누구나 즐길 수 있고 평소 집에서 편하게 먹을 수 있는 데다 여러 명이 모인 자리라면 어디에나 잘 어울렸다. 그뿐만 아니라 사람마다 입맛이 제각각인데, 피자는 토핑을 여러 종류로 만들 수 있어 취향에 맞게 골라 먹을 수도 있었다.

무엇보다 소규모 점포에서도 장사를 할 수 있다는 점이 결정적인 이유였다. 당시 나는 두 번의 실패로 수중에 돈이 없었으니 시작은 '미약'하나

끝은 '창대'한 사업이 절실했다.

피자에 승부를 걸기로 하고 바로 시장조사에 들어갔다. 대형 프랜차이즈 피자부터 저가 피자 그리고 외국에서 유행하는 스타일의 피자까지 그 종류만 해도 어마어마했다. 대중적인 메뉴라는 것은 결국 그만큼 경쟁업체도 많다는 것을 의미했다. 이 사이를 뚫고 들어갈 틈을 찾아야 했다. 그렇지 않으면 수많은 피자 브랜드에 가려져 빛도 보지 못한 채 사라질 수 있었다. 다른 피자들과 차별화된 나만의 피자, 그것을 만드는 것이 내게 주어진 첫 번째 과제였다.

유명한 피자집들을 찾아다니며 피자에 관한 정보를 얻었다. 더 깊이 알아보니 피자는 뜻밖에 만드는 방법이 간단해 사람이 신경 쓸 일이 많지 않았다. 또한, 창의력을 피자에 접목하면 다른 가게와 차별되는 독창적인 메뉴를 얼마든지 만들 수 있고, 수익도 높일 수 있었다. 알면 알수록 피자를 사업 아이템으로 잡은 것은 잘한 일이라는 생각이 들었다.

고심 끝에 주로 얇은 도우를 쓰는 유럽식 피자에 한국 사람들 입맛에 맞는 토핑을 올린 피자를 만들어 팔기로 했다. 얇은 도우를 사용해 토핑의 맛을 풍부하게 느낄 수 있도록 하고, 너무 느끼하거나 짠 토핑이 아닌 한국 사람의 입맛에 맞는 '한국식' 토핑을 올려 사람들의 입맛을 확실히 잡겠다는 전략이었다.

그렇게 되면 이 피자는 유럽 피자와 한국 피자의 장점만을 합친, 그야말로 '퓨전' 피자라고 할 수 있었다. 이런 피자의 특성을 사람들에게 한번에 각인시키기 위해서는 간단하고 직관적인 브랜드가 필요했다. 복잡하지 않고 심플하게, 그러면서도 유럽과 한국을 결합한 느낌이 나도록 브랜드를 만들었다.

유럽-한국. Europe-Korea.

Europe 뒤에 Korea를 붙여보면

Euro+Ko=Euroko. Euroko

Euroko! 유레카가 아닌 유로코!

피자 브랜드, '유로코피자'가 탄생하는 순간이었다.

정원초과피자 & 내장파괴피자

이름을 아무리 잘 지어도 결국 가장 중요한 것은 맛이었다. 속 빈 강정이
되지 않으려면 기본부터 탄탄하게 다질 필요가 있었다. 시간이 좀 걸리더

라도 다른 피자와는 확실히 구별되는 유로코만의 시그니처 피자를 만들어야 이미 경쟁이 치열한 피자 시장 안에서 독보적인 위치를 차지할 수 있었다. 피자의 기본이라 할 수 있는 도우부터 내 방식대로 해나가기로 했다.

기본기 다지기 : 도우

예상은 했지만, 처음부터 쉽지 않았다. 아무것도 모르는 상태에서 도우를 만들려니 별의별 문제가 다 발생했다. 도우가 새까맣게 타는가 하면 쩍쩍 갈라져 탄력이 없는 경우도 있었고, 재료를 잘못 배합했는지 아예 발효 자체가 되지 않아 골머리를 앓기도 했다. 오래간만에 제대로 된 도우가 나와도 퍽퍽하니 맛이 없었다. 책을 읽고, 인터넷을 찾아보고, 강의 등을 들으며 할 수 있는 모든 방법을 동원해 수없이 많은 도우를 만들었다. 이 과정에서 버린 재료만도 한 트럭이었지만 만족스러운 도우가 나올 때까지 멈출 수 없었다.

'나는 실패한 적이 없다, 다만 효과가 없는 만 가지 방법을 찾았을 뿐'이라고 에디슨이 말했던가? 나 역시 실패한 것은 아니었다. 다만 맛없는 도우를 만드는 만 가지 방법을 찾았을 뿐이다. 주변인들에게 도우에 대한 평가를 부탁하기도 하고, 다양한 재료들을 활용해보기도 하며 기약 없는 시도를 이어간 끝에 마침내 만족할 만한 도우 레시피를 만들어냈다. 흑미를 활용한 반죽을 발효 후 구워내니 겉은 바삭하고 속은 쫄깃한 도우가 됐다. 게다가 흑미로 만든 도우는 밀가루로 만든 것보다 소화가 잘되고 영양가 역시 풍부했다. 그렇게 나는 피자의 세계에 간신히, 작지만 한 발짝 내디딜 수 있었다.

소스는 커버 곡, 토핑이 메인 곡이다!

도우에 이어 피자 맛을 좌우하는 소스까지 만들었다. 소스는 토마토를 사용해 누구나 부담 없이 즐길 수 있도록 했다. 레시피를 하나하나 만들다 보니 피자도 힙합과 다르지 않다는 생각이 들었다. 같은 노래라 해도 음 몇 개를 살짝 비틀어주면 곡 전체의 느낌이 변하는 것처럼 도우에 들어가는 일반적인 재료 중에 몇 가지만 살짝 바꿔줘도 새로운 맛이 났다.

다른 피자와 비슷해 보이지만 나름의 매력이 있는 흑미 도우와 남녀노소 모두 좋아하는 토마토소스, 유로코피자의 도우와 소스가 원곡을 살짝 비튼 '커버 곡'이었다면 이제부터 본격적으로 개발할 토핑은 내 실력을 맘껏 뽐낼 수 있는 랩 파트라고 할 수 있었다. 힙합 가수들이 곡 중간에 자기 이야기를 담은 랩을 곁들여 진정성을 드러내는 것처럼 다른 피자와 확실히 차별되는 토핑으로 유로코의 매력을 보여주고 싶었다. 신의 '한 수'가 필요한 순간이었다.

앞 단계까지는 어떻게든 내 선에서 해결할 수 있었지만, 토핑은 달랐다. 요리에 대한 지식이 많지 않은 내가 재료의 맛을 잘 살려 토핑을 올릴 수 있을지 걱정스러웠다. 개발한 도우와 소스도 판매 전에 검증을 받는 것이 좋을 것 같았다.

고민 끝에 이 부분은 전문가의 도움을 받기로 했다. 힙합을 하는 사람들이 서로의 랩을 평가해주고 더 나은 방향을 제시해주는 것처럼 지금의 나보다 '한 수' 위인 사람의 조언이 필요했다. 그렇게 이탈리아에서 공부했다는 쉐프를 모셨다. 내 아이디어에 쉐프의 전문성을 더하니 비로소 유로코만의 피자라고 할 수 있는 메뉴가 탄생했다. 전문가의 도움을 받아 완성도를 높인 것이 결과적으로 신의 한 수가 되었다.

고객의 취향을 맞춰 드립니다.

여러 종류의 피자 중에서도 유로코를 대표하는 피자는 '정원초과' 피자와 '내장파괴' 피자였다. 피자 레시피를 만들고 있을 무렵, 허기를 채우려 들른 패스트푸드점에서 한 커플을 본 후 영감을 얻었다. 그 커플은 마주앉아 음식을 먹고 있었는데, 메뉴가 각각 달랐다. 남자는 패티가 두껍게 들어간 커다란 샌드위치를 먹고 있었고 여자는 샐러드 한 접시를 먹고 있었다. 오후 3시의 햇살을 받으며 그 모습을 보고 있는데 문득 이런 생각이 드는 것이다.

식성이 정반대인 두 사람이 피자 한 판을 시켜서 같이 먹을 수 있을까?

머릿속이 온통 피자로 가득해 제정신이 아니던 때였다. 점심을 먹으러 와서도 일 생각을 하다 보니 번뜩 아이디어가 떠올랐다. 계절이나 장소, 기념일을 겨냥한 피자는 있는데 남성과 여성의 취향을 각각 겨냥한 피자는 왜 없을까?

남녀가 같이 피자를 먹는다면 어떨까? 저마다의 취향이 있기는 하지만 대체로 여성이 남성보다 채소나 과일을 선호하는 경향이 있다. 아마 남자

는 고기를 듬뿍 올린 피자를, 여자는 향긋한 과일과 채소를 올린 피자를 원할 것이다. 보통 피자 한 판을 혼자 먹기는 어려워서 그렇게 되면 둘 중 하나를 선택해야 하는데, 남자 입장에서는 여자가 고른 하와이안 피자가 좋을 리 없고 여자 입장에서는 남자가 고른 불고기 피자가 달가울 리 없다. 지금 두 사람에게 필요한 건 각각 만족할 수 있는 피자, 이거다! 꼭 채소와 고기가 아니더라도 입맛이 다르거나 싫어하는 재료가 있어 같은 음식을 함께 먹지 못하는 경험은 누구에게나 있을 것이었다. 피자에도 남녀를 넘어 개개인의 취향을 만족하게 할 수 있는 구성이 필요했다.

미쳐야 미친다고 했던가? 미친 듯이 피자 생각만 하다 보니 어느새 나는 답에 닿아있었다. 기존 피자들이 재료를 전체적으로 토핑하는 것과 달리 유로코의 피자는 재료를 각각 토핑해 만들었다. 재료들이 한 칸에 모여 있기 때문에 식성이 다른 사람들도 함께 즐길 수 있다는 점이 다른 피자와 차별되는 유로코피자만의 특징이다. 그렇게 피자 한 판을 다섯 구역으로 나누어 각각 불고기, 페퍼로니, 치즈볼, 고구마 무스, 베이컨을 채우고 그에 어울리는 재료를 첨가했다. 질 좋은 고기와 싱그러운 정원에서 기른 싱싱한 채소를 아낌없이 올린 콘셉트로 신선함을 강조한 이 피자가 바로 '정원 초과피자'였다.

다양한 토핑을 하나씩 맛볼 수 있는 피자를 만들었으니 이제 피자 한 판을 실컷, 배 터질 때까지 먹고 싶은 사람을 위한 피자를 만들 차례였다. 남성이나 식성이 좋은 사람들을 겨냥한 피자, 닭고기를 비롯한 네 종류의 고기와 두 종류의 치즈를 올린 내장파괴 피자가 그렇게 탄생했다.

'남녀의 취향이 다를 수 있지 않을까?'라는 물음에서 뻗어 나간 생각은 상대방에 대해 배려, 사람에 대한 이해로까지 이어져 유로코를 대표하는 두 피자를 탄생시켰다. 상상하는 습관과 상대방의 처지에서 생각하는 자세. 이제는 완전히 몸에 밴 두 가지 태도 덕분에 나는 다시 한 번 기회를 만들어낼 수 있었다.

프랜차이즈는 시스템화이다

앞선 실패를 통해 깨달았듯 사업에 있어 시스템은 무척이나 중요하다. 특히 사업으로 가맹점을 내려면 시스템화가 반드시 필요하다. 장사와 사업의 차이가 바로 여기에 있다.

우리가 흔히 동네에서 볼 수 있는 분식집을 생각해보자. A 분식집은 주인이 직접 가게를 운영하며 수익을 올린다. 이 근방에서는 제법 맛있기로 소문이 나서 한 달 매출이 500만 원 남짓 된다. B 분식집 역시 주인이 직접 가게를 운영하지만, A 분식집과 달리 B 분식집의 주인은 노하우를 자기만 아는 데 그치지 않고 원하는 사람들에게 일정한 대가를 받고 알려준다. A 분식집과 가까이 붙어있어 매출은 잘 나오지 않는 편이지만 B 분식집이 경쟁력이 있다고 생각하는 사람들이 여럿 있어 브랜드와 노하우, 재료 등을 공유하고 돈을 받고 있다.

이런 상황이라면 어떤 것이 장사고, 어떤 것이 사업일까? 대다수 사람이 A 분식집이 장사하고, B 분식집이 사업한다고 생각할 것이다. 그렇다면 가게만으로 월 수익 500만 원을 올리는 A 장사꾼이 가맹점을 가지고 있기는 하지만 수익도 얼마 나지 않고 종종 적자도 나는 B 사업가보다 나은 상황일까? 절대 그렇지 않다. A 분식집의 경우 월 매출이 높기는 하지만 주인이 쉬면 대신 운영할 사람이 없으므로 단 1원도 벌 수 없다. 그러나 B 분식집은 월 매출이 낮아도 가맹점으로부터 받는 수익이 있기 때문에 주인이 일하지 않아도 돈을 벌 수 있다. 이것이 바로 장사와 사업의 차이, 시스템이 있고 없고의 차이다.

한 마디로 장사에는 시스템이 없고, 사업에는 시스템이 있다. 시스템이란 목표를 이루기 위한 과정을 세분화해 하나하나 작업하게 하는 구조라고 할 수 있다. 피자를 만든다면 피자 도우, 소스, 토핑을 하나하나 나누어 관리하고 이것들을 모아 비로소 피자가 될 수 있게 하는 것이 바로 시스템이다. 그렇기에 장사가 아닌 사업을 하기 위해서는 시스템이 있어야 한다. 시스템이 있으면 브랜딩, 재료 선정, 재료 관리에 이르기까지 운영에 유용한 모든 노하우를 다른 사람에게 쉽게 알려줄 수 있어 가맹점을 늘리기도 더 쉽다.

내가 꿈꾸는 것은 장사가 아닌 사업이었다. 다시 말해 내 가게만 대박 치는 걸로 끝내는 게 아니라 2호점, 3호점, 4호점…. 점차 가맹점 수를 늘려 성공한 브랜드를 가진 사업가가 되고 싶었다. 그러기 위해 필요한 것은 내가 하나하나 확인하지 않아도 오차 없이 저절로 굴러갈 수 있는 철저한 시스템이었다. 주인이 없으면 돌아가지 않는 장사와 달리 사업은 시스템만 있으면 주인이 없더라도 짜인 시스템대로 착착 돌아갈 수 있기 때문이다. 어쩌면 사업을 하려는 사람 입장에서 음식의 맛보다 더 중요한 것은 바로 이 시스템이다.

그런 의미에서 피자는 시스템화를 하는 데 최적화된 사업 아이템이다. 피자는 개개인의 요리 실력이 맛을 좌우하는 음식이 아니어서 매뉴얼만 있으면 누구든지 같은 피자를 구워낼 수 있고, 원가도 적게 들여 다양한 상품화가 가능하다. 그렇기에 브랜드 스토리가 있는 창의적인 피자를 만들거나 피자를 재해석해 새로운 메뉴를 만들어내는 것도 얼마든지 할 수 있었다.

지난번 사업에서 시스템화의 중요성을 알지 못해 실패의 쓴맛을 봤다면 이번에는 그 실패를 통해 내가 무엇을 배웠는지 세상에 똑똑히 보여줄 차례였다. 가맹점주들이 나와 같은 어려움을 겪지 않도록 알기 쉬운 시스템을 만들었다. 그리하여 요리 경력이 많지 않은 사람도 열정만 있다면 얼마든지 창업을 통해 꿈을 이룰 수 있게 돕고 싶었다.

그렇게 유로코피자의 모든 것을 하나부터 열까지 구체적이고 확실하게 시스템화한 후에야 비로소 나는 기나긴 준비 과정을 끝내고 새로운 도전을 향해 출항했다. 거친 파도가 밀어닥칠지라도 배는 바다로 나가야 했다.

항구에 묶여있는 것이 배의 존재 이유일 수는 없었다. 마찬가지로, 나 역시 또 실패하게 되더라도 다시 도전해야 했다. 도전하지 않고 남들처럼 평범하게 사는 것이 나의 존재 이유는 아니었다.

2017년에 시작해서, 가맹점 130개가 되기까지

셈을 해보니, 2017년도 초에 가게를 개점했다. 개업 전에 정한 월 매출 3천에 모든 시스템을 맞춰두었지만, 최소 3개월이 될 때까지는 성패에 연연하지 않고 내가 세운 원칙대로 운영해나갔다. 일희일비하지 않고 차근차근 하나씩 단타가 아니라 장타를 치겠다는 결심으로 조바심내지 않았다.

개업 후 3개월까지가 외식 사업에서 매우 중요한 시기이다. 특히 이 시기에는 피자 맛이나 서비스를 논하기 전에 일단 새로운 가게가 생겼음을 알리는 것이 중요하다. 이름만 들으면 아는 대형 브랜드로 밀고 나가는 것이 아니라면 이 시기의 광고가 이후 매출에 큰 영향을 줄 수 있기 때문이다.

개업 후 다른 것보다 광고에 신경을 많이 썼다. 광고 외의 부분은 거의 완벽하게 준비가 된 상태였기 때문에 광고에만 집중해도 가게 경영의 흐름이 끊어지는 일은 없었다. 어떤 매체를 통해 광고해야 할까? 역시 준비 과정에서 모두 정해놓았다.

대형 프랜차이즈 피자에 대항해 유로코피자를 알리는 일은 쉽지 않았다. 그렇다고 해서 대형 프랜차이즈들이 하듯이 TV나 라디오, 신문에 광고를 내거나 네이버 메인에 광고를 내걸 수도 없었다. TV 같은 대중매체

　는 들어가는 비용에 비해 효과가 미미했고, 네이버 광고는 비용이 많이 든다. 대형 프랜차이즈를 잡겠다고 그 뒤를 졸졸 쫓아가다가는 가랑이가 찢어지기 십상이다.

홍보의 기술 : 전단지

　적은 비용으로 높은 효과를 창출할 수 있는 광고, 피자를 사는 잠재적 고객이라 할 수 있는 동네 중심의 광고, 바로 전단지다. 기술이 눈부시게 발전했어도 때로는 아날로그적인 것이 가장 효과적인 법이다. 물론 전단지를 성가시게 여기거나 쓰레기쯤으로 여기는 사람도 있지만, 동네 중심으로 홍보하기에 이보다 좋은 방법은 없다. 버려지는 전단지를 줄이고 싶으면 할인쿠폰이나 음료 쿠폰을 전단지에 함께 넣어 시선도 끌고 구매로 이

어지게 만들 수도 있다.

　유로코피자의 여러 메뉴 사진과 문구를 넣어 전단지를 만들었다. 동네가 중심이었지만 인접 지역에까지 홍보하기 위해 몇만 장을 주문했다. 전단지를 돌릴 때에도 아무렇게나 건네서는 광고 효과를 보기 어렵다. 깔끔한 복장을 하고 웃는 얼굴로 인사를 건네며 전단지를 나눠주는 것과 허름한 옷을 입고 말없이 무표정하게 전단지를 나눠주는 것은 확연히 달랐다. 누구든 전자 쪽에 호감을 느끼고 브랜드를 긍정적으로 기억할 것이다.

　그래서 가게 앞에서 전단지를 나눠줄 때에도 정돈된 옷차림으로 이웃들에게 가볍게 인사를 건네며 전단지를 나눠주었다. "여기 새로 오픈한 가게입니다", "건강한 재료로 깨끗하게 만들었습니다", "믿고 한 번 드셔 보세요", "생 모차렐라 치즈만 사용했습니다" 등과 같이 손님에게 가볍게 다가

갈 수 있는 멘트를 건넸다. 뜻밖에 전단지를 받지 않고 지나가는 사람이 적었다. 받자마자 버리는 사람도 거의 없었다. 최소 3초는 훑어보게 하였다. 나는 됐다고 생각했다. 직원과 아르바이트생에게도 전단지 나눠주는 요령을 알려주고 그대로 하게 했다.

홍보의 기술 : On-line 전단지

피자는 배달 서비스가 거의 필수라고 할 수 있는데, 인건비를 줄이면서 직원 관리까지 해줄 수 있는 다른 업체에 맡기고 싶었다. 마침 많은 사람이 사용하는 '배달의 민족'이나 '요기요' 같은 플랫폼이 활성화되어 있어 이를 통해 배달 서비스를 제공하기로 했다. 그런데 가만히 보니 이 애플리케이션을 이용하면 광고도 효과적으로 할 수 있을 것 같았다. 일단 여기 들어온 사람들은 무언가 시켜먹을 것을 찾고 있는 잠재적 고객이기 때문에 광고에 반응할 확률이 높다. 게다가 고객의 위치정보를 통해 근처에서 바로 시켜먹을 수 있는 가게 위주로 광고하기 때문에 소규모 점포도 즉각적인 효과를 얻을 수 있다. 아낌없이 투자하여 애플리케이션에 광고를 냈고 효과는 단연 최고였다.

전단지와 배달 애플리케이션을 통해 사람들에게 유로코피자를 조금씩 알려갔다. 석 달 이후부터는 기대했던 수익이 안정적으로 나오기 시작했고, 가게를 찾는 사람도 눈에 띄게 늘었다. 유로코피자에 실망스러운 반응을 보이는 사람들도 있었지만, 사람들의 입맛은 저마다 달라서 유명 셰프가 만든 일류 요리라도 열 명이 먹고 열 명 모두가 맛있다고 할 수는 없는 노릇이다.

클레임에 최대한 귀 기울이되 걸러 듣는 지혜가 필요했다. 나는 열 명 중

여덟 명이 만족하면 최선이라 생각하고 맛 평가에 연연하지 않았다. 가게에서 판매하는 모든 메뉴가 직접 발로 뛰고 배워 만든 메뉴였기 때문에 스스로 레시피에 대한 자신도 있었다. 무엇보다 유로코피자를 싫어하는 두 명의 입맛에 맞추자고 나머지 여덟 명을 잃을 수는 없었다.

그렇게 유로코피자는 차차 성장해나갔고 가맹을 내고 싶다는 문의도 여기저기서 들어왔다. 가맹점주들에게 개업부터 광고, 판매, 마케팅까지 운영 전반을 알려주면서 전국 곳곳에 유로코피자가 생겨났다. 동네 골목의 작은 가게에서 시작한 유로코피자는 2년이 채 되기 전에 60개의 가맹점을 가진, 어엿한 사업체가 되었다. 앞으로 중요한 것은 가맹점 관리를 통해 유로코피자의 브랜드 가치를 높여가는 일이었다.

연 매출 20억 원대로 일어서다

꿈꾸고 상상하고 계획했던 대로 일이 착착 진행되었다. 유로코피자는 동네 맛집으로 소문이 났고, 손님은 나날이 늘었다. 언론에서 취재하러 오기도 했다. 주요 언론은 물론이고 유튜브나 SNS상에서도 유로코피자는 맛있는 피자, 가성비 좋은 피자로 손꼽혔다. 젊은 층의 호응에 힘입어 사업은 꾸준히 번창했다. 그렇게 몇 달이 지나자 나는 어느새 상상 속에서 그리던 그 사업가가 되어있었다. 과거와 비교하면 돈의 액수를 세는 단위부터가 달랐다. 본점의 월 매출이 너무 높아 아예 집계조차 되지 않을 정도였으니 이 정도면 대박 그 이상의 성공이었다.

현재 내가 매장 수익 외에 가맹비 등으로 한 달에 벌어들이는 수익만 해도 일억 원이다. 돈에 치여 하고 싶은 것을 포기해야 했던 과거의 내가 성공한 사업가가 된 것이다.

꿈을 간절하게 그리는 사람은 그 꿈을 닮아간다는 말이 있다. 남들이 안 된다고 할 때에도 나는 사업가가 된 나를 끊임없이 상상했다. 그냥 남들처럼 평범하게 살라고, 주제를 알라고 비웃어도 나는 내가 원하는 내 모습만을 상상했다. 두 번의 실패를 겪었을 때, 나는 선택의 갈림길에 섰고, '계속 갈 것인가, 여기서 멈출 것인가?'를 현실적으로 생각한다면 멈추는 게 백 번 맞았다.

그러나 내가 포기하려고 마음먹은 순간, 내 손을 잡아준 이는 다름 아닌 나는 그동안 그려왔던 생생한 미래였다.

/ 프랜차이즈 상식을 깨다

이제 나는 다음 도전을 준비한다. 목표한 바를 이뤘으니 이제는 내가 가진 것을 나누고 싶다. '초짜' 장사꾼이었던 내가 성공한 사업가가 된 비결을 사람들에게 알려줄 수 있다면 그보다 더 행복한 일은 없을 것 같다. 내가 했던 실수들을 다른 사람이 반복하지 않도록, 내 경험과 지식을 도전하려는 사람들과 나눠 그들이 꿈을 이룰 수 있도록 돕는 것이 나의 새로운 목표다.

02

정명진의 창업, 기본 중의 기본

　　　　　　　　　　창업을 희망하는 사람이라면 막연히 이미지로
만 떠오르는 사항들을 구체화, 현실화하기 위해 고민해야 할 점이 한둘이
아니다. 그래서 꼼꼼한 계획 수립이 필요하다. 그리고 그 계획을 만들어내
는 것은 바로 탄탄한 정보와 지식이다. 희망하는 업종에 따라서 요구되는
정보와 지식은 모두 다르지만 공통으로 해당하는 사항이 분명히 존재한
다. 혹자는 이것을 '기본'이라고 한다. 기본만 지켜도 중간은 간다. 기발한
아이디어가 생기면 사실 이것을 사업으로 이어보고 싶은 욕구가 누구나
있을 것이다. 하지만 푸드트럭, 커피 가게, 주스집 등 실제 현장 속에서 느
낀 것은 그 '기발한 아이디어'가 빛을 발하기 위해서는 기본기가 탄탄해야
한다는 것이었다.

　돌이켜보면 젊은 시절에 호기롭게 시작한 몇 가지 사업이 실패한 원인
은 여기에 있었다. '기본'이 무엇인지 몰랐다는 것이다. 아이디어가 없어
도 사실 사업은 어떻게든 꾸려갈 수 있다. 하지만 기본을 지키지 못했을

때 모든 사업은 여지없이 무너진다. 여기에서는 그 '기본'에 대해 다루려고 한다.

고부가가치가 가능한가?

그 첫 번째가 바로 '고부가가치'이다. 최근에 더욱 대두하는 사항이기도 한데 뜻밖에 많은 사람이 이를 간과하고 있다. 여기에서는 이 관점에서 외식업계 창업 노하우를 설명하고자 한다. 결과적으로 나는 고부가가치를 달성했기 때문에 경쟁이 치열한 외식업계에서 살아남을 수 있었고 현재까지도 장기 흥행을 이어나가고 있다.

3년을 넘기 힘들다고 하는 외식업, 어떻게 고부가가치의 개념을 현실화할 수 있었을까? 이것에 관해 해답으로 필요한 전국의 많은 예비 창업주에게 도움을 주고 싶다. 창업은 분명 쉽지 않고 머리 아픈 일이지만 잘만 시도해본다면 누구나 성공 신화의 주인공으로 만들어주는 일이기도 하다.

고부가가치의 사전적 정의는 '생산 과정에서 새롭게 부가된 높은 가치'이다. 수익성을 높이고 장기적인 가게 운영을 가능하게 하려면 고부가가치는 무엇보다도 중요하다. '고 + 부가 + 가치'로 단어를 따로 떼어 해석해보면 심층적인 접근이 가능하다.

먼저, 가치에 대해서 살펴보자. 창업의 기본은 가치를 창출하는 일이다. 이것은 비단 창업뿐 아니라 수익을 만들기 위해 이뤄지는 모든 일에 적용된다.

가치 : 재화(money)의 이동

지금 내 눈앞에 1만 원짜리 지폐 한 장을 가진 예비 손님이 있다. 저 손님의 1만 원을 나의 수익으로 만들려면 나는 무엇을 해야 할까? 당연히 그 1만 원짜리 지폐 한 장에 해당하는 값어치만큼의 무언가를 손님에게 제공해야 한다. 그것이 음식이든 안마 서비스든 옷 한 벌이든 말이다. 다시 말해 내가 떡볶이를 한 그릇 만들었다고 가정해보자. 그 손님에게 이 떡볶이의 값을 1만 원이라고 말해주고 손님이 여기에 구매의사를 표현한다면 손님이 가진 1만 원은 나에게 수익으로 건네지게 된다.

이것을 재화의 이동이라고 하는데 손님이 가진 돈과 내가 만든 떡볶이가 서로 반대편으로 이동하는 것이다. 또 다른 말로 표현하면 내가 만든 '가치'가 손님에게 '구매'됐다고도 할 수 있다. 즉, 손님이 가진 1만 원어치만큼의 가치를 내가 만들어 낸 것이다.

부가 : 더 높은 가치를 추구하다

1만 원보다 조금 더 벌고 싶은데 방법이 없을까?

기존의 떡볶이 위에 손님이 좋아할 만한 고소한 치즈를 올리고 달걀도 추가했다. 여기에 인기 많은 품목 중의 하나인 삶은 달걀까지 추가해서 총 1만 5천 원을 가격으로 제안했다. 만약 손님의 입맛에 부합했다면 지금 당장 가진 지폐는 1만 원밖에 없을지라도 ATM에서 돈을 뽑아오거나 카드 결제를 하거나 하는 등의 추가적 방법을 사용해서 1만 5천 원을 결제하고자 할 것이다. 원래대로라면 1만 원어치의 떡볶이만 팔 수 있었을 테지만 떡볶이의 가치를 상승시켜서 5천 원을 추가로 더 번 것이다.

이때 더해진 5천 원의 개념을 우리는 '부가'로 해석할 수 있다. 어떠한 노력으로 인해서 가치가 더해진 셈이다. 이 과정에는 떡볶이에 치즈를 올리는 것 말고도 다양한 방법이 동원될 수 있다. 부가가치를 창출하는 것은 창업주의 아이디어와 노력에 달렸으니 말이다.

고(高) : 수준을 한층 끌어올리다

떡볶이의 가격, 어디까지가 한계일까? 내가 한계를 돌파할 수 있을까?

좀 더 높은 수준의 부가적 가치를 창출하기 위해 나는 기존에 사용하던 저렴한 치즈를 고품질 치즈로 대체했다. 1등급 우유로 싱싱하게 발효해 낸 치즈라 떡볶이와의 조합이 더 좋아 비싼 떡볶이집에서나 사용하는 제품이었다. 여기에다 손님을 왕처럼 모시는 친절 서비스로 응대했다. 추가로 손님이 떡볶이가 완성될 때까지 기다리는 동안 지루하지 않도록 가게에 최신 예능 프로그램을 틀어놓아 손님을 배려하였다. 그리고 떡볶이의 가격을 1만 8천 원으로 올렸다.

아까 언급한 치즈 떡볶이로 나는 1만 5천 원을 벌 수 있지만 조금 더 욕심이 나기 시작했다. 또한, 내 눈앞의 이 손님이 가진 구매력을 보아하니 단순히 1만 5천 원의 정도가 아니라 그 이상이라고 판단된다. 하지만 치즈 떡볶이 외에 다른 메뉴들을 고안해내는 것은 어렵고 시간도 소요된다. 이때 제품의 질을 극대화하는 것을 의미한다. 과연 손님은 구매할까? 기존의 치즈 떡볶이와 비교하면 치즈의 품질만 올라가고 딱히 추가된 게 없이 3천 원이 올랐는데도 시장경제에서 여기에 대한 해답은 뜻밖에 반반이다. 누군가는 분명히 이 떡볶이를 구매한다. 더해진 가치의 수준을 높이는 것, 조금 더 나아가 높은 수준의 '고부가' 가치를 창출할 수 있어야 한다.

창업에서 고부가가치의 의미

고부가가치의 개념을 통해서 우리는 1만 원어치의 떡볶이에서 시작한 제품의 가격을 1만 8천 원까지 올려보았다. 물론 이것은 간단한 사례이므로 실제 떡볶이의 시세와는 상관이 없다. 다만 여기서 체크해봐야 할 사항은 같은 떡볶이라는 메뉴, 즉 같은 판매 아이템을 선정하더라도 어떻게 구성하고 전략을 짜느냐에 따라서 가격이 달라진다는 점, 즉 고부가가치를 만들어낼 수 있다는 점이다. 창업에 있어서 고부가가치를 실현하는 것은 단순히 원재료의 품질향상과 친절서비스만으로 국한되지 않는다. 여러 가지 방법을 통해서 우리는 가치 이상을 실현할 수 있다. 본인이 선택한 업종과 아이템의 틀을 벗어나서 새로운 패러다임을 고려해볼 수도 있다. 하지만 분명 쉬운 과정은 아니다. 그러므로 창업을 시작하기 전에 어떻게 고부가가치를 실현할 수 있을지 미리 전략적으로 살펴보는 것이 중요하다. '생산과정에서 새롭게 부가된 높은 가치'의 의미를 잊지 말자.

창업을 시작하고 제품이나 서비스를 판매하는 과정에서 어떤 방법으로 아이템과 가게의 가치를 높일지는 단순히 돈을 많이 벌어들이기 위함만이 아니다. 언제까지나 지속해서 운영이 가능해야 하고 또 그것이 기업의 이미지를 결정짓는다. 열심히 성실하게만 일하면 된다는 사항은 아르바이트생의 마인드이지 창업주의 마인드가 아니다. 창업주는 언제나 남다른 시선과 통찰력으로 자신의 사업을 돌볼 수 있어야 한다. 그런 의미에서 고부가가치는 이제 선택이 아닌 필수이다.

유니크한 메뉴 vs 대중적인 메뉴

외식업을 시작할 때 메뉴의 선정은 곧 아이템의 선정과 같다. 어떤 음식을 판매할지 선택하는 것은 본인의 창업 시작을 어떠한 아이템으로 할 것인가를 결정짓는 일이기 때문이다. 하지만 여기에는 두 가지 선택지가 있다. 유니크(unique) 할 것인가? 대중적일 것인가? 두 가지 관점을 모두 생각해보자.

유니크한 메뉴

[유니크한 메뉴의 장점]

❶ 레드오션의 치열한 외식업계에서 블루오션 발굴이 가능하다. 아무래도 사람들의 시도가 많이 닿지 않은 메뉴라면 경쟁이 덜 치열할 수밖에 없다. 마치 틈새시장을 공략하듯이 똑같은 음식이라 할지라도 기존의 업체 수가 적은 메뉴를 메인으로 삼는다면 다음에 선두 주자를 더 빨리 선점할 수 있다.

❷ 빠르게 관심을 얻을 수 있다. 매일 먹는 김치보다는 낯선 오이피클에 더 눈길이 가고 호기심이 가는 것처럼 사람들의 이목을 빨리 끌고 호기심을 유발하기 위해서라면 생소한 메뉴를 시도해보는 것도 좋다. 생소한 이국요리에 기존의 요리가 더해진 퓨전스타일의 메뉴는 단골손님보다 신규 손님을 이끌기 더 쉽다. 가게 운영 초반에 사람들의 관심을 사로잡고 싶을 때 적합하다.

❸ 가격 책정이 쉽다. 경쟁 업체가 적고 사람들이 잘 모르는 메뉴이기 때문에 부르는 게 값이다. 물론 사 먹고 안 사 먹고는 오롯이 손님이 정하는 법. 동일 상권에 전혀 없는 메뉴의 음식점이라면 본인이 가격 책정의 기준이 될 수도 있다. 비싼 가격으로 값을 받고 싶을 때는 특이한 메뉴를 시도해보는 것도 좋다.

[유니크한 메뉴의 단점]

❶ 먼저 이목과 관심을 끄는 것이 상당히 단기적이다. 매일 먹는 김치보다 오이피클에 눈이 먼저 간다 할지라도 결국 매일 먹게 되는 것은 김치이다. 호기심에 피클을 먹어보는 것도 한두 번이기 때문이다. 초반에 신규 손님 유치에는 유리할지 모르나 장기적인 관점에서 장기간 흥행하는 운영을 하기에는 부적합하다.

❷ 비교우위를 점할 수 없다. 경쟁자가 적은 것은 수월한 가게 운영에 도움이 될지 모르나 오히려 독이 될 수 있다. 이 메뉴가 맛있는지 맛없는지, 합리적인지 비합리적인지에 대한 비교 선택지가 없기 때문이다. 참된 의미에서 라이벌은 성공의 촉매제가 되는 법, 라이벌이 없는 메뉴는 발전이 더디고 사람들이 생각하기에 무엇이 특징인지 분석하기 어렵다. 그러므로 손님들은 해당 메뉴가 다른 곳들에 비해 얼마나 맛있고 특별한지에 대한 판단이 어려우므로 그 다음의 선택을 망설일 수 있다.

/ 프랜차이즈 상식을 깨다

❸ 레시피의 노출이 쉽다. 누구나 간단하게 시도가 가능한 대중적인 요리인 만큼 비법 노하우를 첨가한다 할지라도 핵심을 관통하는 주력 레시피에 대한 노출은 막기 어렵다. 프랑스식 파스타 레시피를 아는 사람보다 분식집 떡볶이 레시피를 아는 사람이 더 많은 것과 같다.

대중적인 메뉴

그렇다면 대중적인 메뉴는 어떨까? 대중적인 메뉴 역시 장단점이 존재한다. 하지만 결론부터 말하자면 유니크한 메뉴보다는 대중적인 메뉴가 외식업계에서는 성공 가능성이 높다. 즉, 음식으로 성공하고 싶다면 개성 대신 대중성을 따라야 한다. 많은 사람이 선택하고 자주 먹는 것에는 이유가 있기 때문이다.

[대중적인 메뉴의 장점]

❶ 보편성이다. 호불호가 크게 차이 나지 않으므로 누구나 다 좋아할 수 있다는 점이다. 10대 고등학생부터 50대 아저씨까지 남녀노소가 두루두루 맛있게 먹을 수 있으려면 대중성이 필요하다. 대중적인 메뉴는 보편적으로 통하는 메뉴이기 때문에 개별 손님과 단체 손님 모두에게 유리하다.

❷ 비교우위를 선점할 수 있다. 경쟁이 치열하다는 것은 다른 말로 순위를 매길 수 있다는 점이다. 힘든 경쟁에서 살아남고 사람들의 이목을 끌 수 있다면 대중성이 가져다주는 치열함은 역으로 장점이 될 수도 있다. 가격, 맛, 서비스 셋 중에 어떤 타입이든 돌파구만 잘 찾는다면 비교우위 선점이 가능하다.

❸ 꾸준히 운영할 수 있다. 대중적인 메뉴는 유행을 잘 타지 않는다. 시간이 지나도 여전히 김치볶음밥과 매운 라면은 맛있듯 대중적인 메뉴는 사계절의 특성이나 시즌, 시간의 흐름에 구애를 받지 않는다. 특별한 날 먹을 수도 있지만, 일상적인 하루하루에 더 어울리는 대중적인 메뉴는 장기적인 측면에서 롱런 운영이 가능하다. 언제나 해당 메뉴를 찾는 손님이 존재하기 때문이다. 물론, 꾸준히 영업을 이어나간다는 전제가 있으면 말이다.

[대중적인 메뉴의 단점]

❶ 경쟁이 치열하다. 동일 상권 내에 기존 음식점들이 이미 존재할 것이기 때문에 창업을 고려한다면 불가피하게 경쟁을 해야 한다. 한마디로 레드오션이다. 그러나 위에서 언급하였듯 경쟁에서 살아남는다면 더욱 강한 외식업계의 이미지를 만들 수 있다. 시도를 해보는 것도 나쁘지 않다.

❷ 이목을 끌기 어려울 수 있다. 우리 집 앞에 프랑스식 음식점이 생기는 것과 분식집이 하나 생긴다고 가정했을 때 당연히 후자보다 전자에 더 큰 관심이 쏠리기 마련이다. 초기에 신규손님을 유치하는 데 난관을 겪을 수도 있다. 그러나 하루 이틀 가게를 운영하고 말 것이 아니라면 오히려 사람들이 여러 번 찾게 되는 가게는 대중적인 분식집일 것이다. 특별한 날 한 달에 한 번 찾는 메뉴가 아닌, 편하게 언제든 가서 먹을 수 있는 메뉴이기 때문이다.

❸ 레시피의 노출이 쉽다. 누구나 간단하게 시도가 가능한 대중적인 요리인 만큼 비법 노하우를 첨가한다 할지라도 핵심을 관통하는 주력 레시피에 대한 노출은 막기 어렵다. 프랑스식 파스타 레시피를 아는 사람보다 분식집 떡볶이 레시피를 아는 사람이 더 많은 것과 같다.

무엇이 더 우위일까?

이러한 단점에도 불구하고 대중적인 메뉴가 여전히 우위이다. 대중적인 메뉴가 가진 기존의 장점을 고수하되 특색 있는 첨가로 단점을 극복할 수 있기 때문이다. 수년 전 SNS를 강타한 허니버터칩의 예를 들면, 당시 숱한 품귀 현상을 만들어낼 정도로 빅히트 대박 신화를 만든 해당 과자 품목은 알고 보면 일반 감자 칩에 꿀을 발라 튀겨낸 정도이다.

시중에서 흔하게 볼 수 있는 대중적인 감자 칩 메뉴에 '허니코팅'이라는 특색을 첨가하여 엄청난 대박 신화를 이끌어냈다. 당시의 사람들은 감자 칩에 그 누구도 꿀을 바를 시도를 못 했기 때문이다. 이후에 허니버티칩을 만드는 각종 레시피가 올라왔지만 그럼에도 불구하고 허니버터칩의 인기는 몇 달씩 지속했다. 오죽하면 중고 거래 사이트에서 먹다 남은 과자 봉지를 고가에 게시해도 판매가 될 정도였으니 말이다.

대중적인 메뉴 역시 얼마든지 빅히트를 칠 수 있다. 아니, 대중적이기 때문에 오히려 더 빅히트의 가능성을 높일 수 있다. 남녀노소 호불호를 크게 타지 않는 보편성을 갖고 있으면서 명확한 특징을 살린다면 경쟁우위를 점할 수 있다. 마치 보편적인 감자 칩에 꿀이라는 특징을 더해 빅히트를 친 허니버터칩처럼 말이다.

대중적인 메뉴는 유행에 좌지우지되지 않고 꾸준한 운영이 가능하다. 동일 상권에 이미 레드오션이 형성돼 있다면 대중적인 메뉴에 나만의 개성을 추가해보자. 이를 통해 다 같은 메뉴들 속에서도 군계일학으로 우뚝 설 수 있다면 오히려 치열한 경쟁상권은 명예로운 바탕이 될 것이다. 또한, 단기적인 초기 이목 끌기보다 장기적인 롱런에 힘을 쓰자. 이러한 관점들은 외식업 창업에서 대중적인 메뉴를 선택할 때 탄탄하게 자리잡기 위한 기본 중의 기본이다.

음식으로 이룰 수 있는 성공적인 창업, 메뉴에 대중성을 확보하자. 메뉴의 핵심을 관통하는 주된 테마를 '대중성'으로 설정하고 자신만의 개성을 마치 사이드 메뉴처럼 곁들인다면 얼마든지 사람들의 발길을 사로잡을 수 있다.

개인이 브랜드화될 수 있는가?

창업의 성공을 높이고 추후 프랜차이즈까지 도전하려면 브랜드의 가치를 높이는 것이 중요하다. 브랜드가 가진 잠재 가능성을 높이기 위해서는 단순히 음식이나 가게 자체로만 브랜딩을 하는 것이 아니라 개인, 즉 창업주 자신이 브랜드화되어야 한다. 쉽게 설명하면 사람이 직접 업체와 메뉴를 대표하는 아이콘이 되어야 한다는 뜻이다.

59억 원의 가치, 걸어 다니는 벤처기업! 봉선이에요!

수년 전 공중파 개그 프로그램에서 유행어가 됐던 개그우먼의 멘트이다. 자신이 걸어 다니는 벤처기업의 가치가 있다고 표현한 구절인데 이번 단락에서 암시하는 바가 커서 인용한다. 사람이 기업 이상의 가치를 가질 수 있을까? 정답은 '예스'(Yes)다. 2000년대 초반 한국 엔터테인먼트계에서 '아시아의 별'이라고 불리던 가수 보아(BOA)의 경우를 생각해보자.

어린 나이에 가수로 데뷔한 보아는 일본, 중국, 한국과 동남아시아를 오가며 수많은 앨범을 발매하고 공연 활동을 하였다. 2006년도쯤에는 2년간 1,600억 원을 벌어들이며 자신이 속한 소속사인 SM 엔테테인먼트가 창출하는 대부분 수익을 혼자서 벌어들였다. 그 결과 아시아의 별에서 걸어 다니는 공룡 기업으로 불리며 추후 데뷔한 소녀시대, 동방신기를 존재하게 한 재정 신조로 우뚝 섰다. 단순히 보아의 노래와 앨범이 사람들에게 통했기 때문일까?

그렇지 않다. 보아가 만들어낸 엄청난 파급효과가 있었기 때문에 보아라는 존재 그 자체만으로도 시장에서의 경쟁력이 매우 강했던 것이다. 어떤 프로그램이든 게스트로 보아가 출연하면 시청률이 뛰었고 음악 방송 프로그램에 보아가 출연하는 순간은 사람들의 이목이 쏠렸다. 그 결과 앨범과 노래도 날개 돋친 듯이 팔렸다. 어느 시점부터는 '보아이기 때문에' 앨범과 노래, 굿즈가 팔리기 시작한 것이다.

지금도 보아처럼 소위 '일당백'을 해내는 연예인들은 무수히 존재한다. 미스에이(MISS A)의 일등공신 수지, AOA의 설현 등이 그 대표적인 예이다. 자신의 가치가 이미 브랜드화됐기 때문에 소속한 그룹과 소속사를 먹여 살릴 만큼의 재화를 창출해내는 것이다. 상품에는 값을 매길 수 있어도 사람에게는 값을 매길 수 없다. 이 말을 돌려 말하면 개인의 브랜드화에 성공한다면 가치를 책정하기 힘든, 한계가 없는 금전적인 이익을 창출할 수 있다는 말이다.

외식업에서 개인 브랜드화 사례

그렇다면 엔터테인먼트 산업이 아니라 외식업에서도 해당 사항이 통할까? 역시나 정답은 '예스'다. 외식업에서 개인이 브랜드화에 성공한 사례를 찾아보자.

가장 대표적인 예로 더본코리아의 대표인 '백종원'이 있다. 한신포차, 새마을식당, 본가, 홍콩반점 0410, 역전우동 0410, 빽다방, 빽스비어 등 각종 프랜차이즈 업체의 모기업인 더본코리아의 대표이사인 백종원은 이미 외식업계에서 모르는 사람이 없다. 있다면 간첩으로 통할 정도로 유명한 인물이다. 한신포차와 홍콩반점 등의 대표 브랜드 성공에 힘입어 경영에 박차를 가한 백종원은 다방면의 노력 끝에 본인 자신을 기업의 이미지이자 아이콘으로 우뚝 세웠다.

그 노력에는 각종 예능 프로그램에 출연하기 이전부터 요리연구가로서 자신의 입지를 탄탄하게 다진 것도 있을 것이다. 그 덕분에 사람들은 백종원의 프랜차이즈라면 일단 믿고 방문한다. 맛과 품질도 중요하지만, 그가 주는 신뢰감과 호감형의 이미지가 가게 방문에 긍정적인 기인을 하는 것이다. 백종원 자신이 이미 많은 레시피를 공개하여 사람들이 가정에서 해당 음식들을 시도해볼 수 있음에도 불구하고, 그가 선사하는 브랜드 이미지가 더본코리아의 업체를 찾는 사람들의 발걸음을 여전히 이어지게 하고 있다.

이뿐만이 아니다. '냉장고를 부탁해'(JTBC) 예능 프로그램에서 신사적이고 디테일한 중식요리를 선보인 이연복 쉐프, 독특한 행동과 입담으로 사람들을 사로잡은 최현석 쉐프 등은 자신들이 만드는 요리 이상의 가치를 지니고 있다. 그 증거로 이들은 외식업과 상관이 없는 각종 광고 CF에도 등장하고 있다. 처음에는 맛있고 고급스러운 요리를 통해 유명해졌지만, 어느 순간 해당 단계를 초월하여 그들 자체가 각각 중식과 양식을 대표하는 유명 쉐프이자 셀럽이 된 것이다.

개인 브랜드화, 이제는 창업의 필수 요소

이처럼 우리는 이미 수많은 사례로 하여금 자신의 브랜드화에 성공한 외식업계의 대표들을 알아보았다. '개인을 브랜드화할 수 있는가?'는 장기적인 관점에서 바라본 창업 성공에 매우 중요한 단추이다.

소비자가 직접 나의 음식을 먹어보기도 전에 이미 구매 욕구를 갖게 하는 것, 방문해서 구매하는 것이 아니라 구매하기 위해 방문하게끔 하는 것, 그것이 바로 브랜딩의 힘이다. 음식에 대한 궁금증과 흥미를 유발하고 소비자의 적극적이고 자발적인 동기를 이끌어낸다는 관점에서 개인이 브랜딩에 성공하는 것은 꼭 고려해봐야 할 사항이다.

창업점주 자신이 이 브랜드의 주체가 된다면 꾸준한 홍보 효과와 부수 효과를 누릴 수 있다. 만약 이 과정에 성공하지 못한다면 브랜드 가치를 위해서 마케팅 비용을 내야만 한다. 가게에서 지출하는 모든 비용은 순수이익을 차감시키므로 수익성을 저해한다. 장기적인 창업 성공과 매출 상승을 위해서 브랜딩을 세 가지 포인트로 설명해보고자 한다.

내가 선택한 피자 한 판이 피자 이상의 가치를 가진다면?

① 메뉴에 대한 제약이 없어진다.

개인이 브랜드가 된다는 것은 내 가게를 특정 메뉴가 아닌 내가 대표 메뉴가 되어 알릴 수 있다는 점을 시사한다. 아무리 대중적이고 흔한 메뉴를 팔더라도 개인이 가진 가치 자체가 경쟁력으로 작용하게 되는 것이다. 그렇게 된다면 가게에 좀 더 다양하게 메뉴를 편성할 수도 있고, 반대로 하나의 메뉴로만 승부를 띄워도 된다. 사람들이 가게를 선택할 때 판단하는 기준이 메뉴에서 개인의 가치로 옮겨갔기 때문이다. 이것은 비단 메뉴에만 국한된 이야기가 아니다. 가게를 '주인'이 대표하게 되면 가게의 운영에 대한 자율성이 증가한다.

② 나의 음식에 음식 이상의 가치를 담을 수 있다.

똑같은 피자 가게에 동일한 가격이라 할지라도 피자 한 판이 담고 있는 가치는 다르다. 구두쇠 사장이 판매하는 피자를 구매한 소비자와 자원봉사에 힘을 쏟는 사장이 판매한 피자를 구매한 소비자가 있다고 생각해보자. 누가 더 피자에 대한 가치를 높게 살까? 후자의 소비자는 '이 피자로 하여금 나는 좋은 일을 하는 사장님에게 약간의 공헌을 했어.'라고 자신의 행동에 의미를 부여하게 되지 않을까? 즉, 개인이 브랜딩화에 성공하면 소비자는 메뉴와 개인이 상징하는 가치까지 함께 구입할 수 있다. 이때 가치의 크기는 제한이 없다.

③ 꾸준한 홍보 효과가 있다.

사실 매출 증대의 관점에서 본다면 세 번째 포인트에 대한 고찰이 가장 중요하다. 개인이 브랜딩화에 성공하게 되면 자신이 걸어 다니는 가게 그 자체가 된다. 즉, 자신의 행동이나 말, 모든 것이 가게의 홍보 수단으로 작용하는 것이다. 앞서 예로 든 백종원, 이연복, 최현석 쉐프만 떠올려도 알 수 있다. 그들이 즐겨 먹는 메뉴, 취미로 만드는 요리, 자주 사용하는 식자재 모든 것이 간접적인 홍보를 맡는다. 하물며 직접 운영하는 가게는 그 홍보 효과가 더 뛰어나다. 개인이 가게와 분리되지 않는 이상 꾸준히 자신의 브랜딩 가치로 가게를 홍보할 수 있게 되며 이러한 과정이 절감해주는 마케팅 비용 역시 무시할 수 없다.

　브랜딩(Branding), 견고한 브랜딩은 음식의 맛과 품질 그 이상의 가치를 가진다. 기업에 브랜드를 의탁하는 것보다 직접 운영하는 점주, 사장 등의 개인이 브랜드 가치를 가져보자. 소비자는 더욱 신뢰감을 얻을 것이다. 여름철 바닷가를 가면 자신의 실명을 걸고 장사하는 가게들을 종종 볼 수 있다. '영호횟집, 덕만대게'처럼 말이다. 자신을 최우선의 브랜드로 걸어놓은 가게는 믿음을 준다. 이미 지나친 손님마저 가끔은 돌아보게 만든다. 개인 브랜딩 역시 마찬가지이다. 신규 손님을 유치하고 경쟁점에 빼앗긴 손님을 제 발로 돌아오게 하는 것, 그것이 바로 브랜딩의 힘이다.

시스템화가 가능한가

시스템(System)이란 무엇일까?

　시스템은 우리말로 '운영체계'를 말한다. 이 운영체계란 '어떠한 과정을 완수하게끔 만들어진 순서와 절차'이다. 그렇다면 창업에서 시스템이란 어떤 의미가 있을까? 세계 제2차 산업혁명을 이끌어낸 일등 공신을 떠올려보자. 바로 '컨베이어 벨트'이다. 물품을 자동으로 수송해주는 컨베이어 벨트 덕분에 공장은 각 제조 과정을 파트별로 나눌 수 있었다. 노동자들은 더는 부품을 나를 필요 없이 자신이 맡은 부분에 대해 조립만 하면 되었다. 즉, '분업'이 도입된 것이다. 또한, 더 많은 제품과 부품을 한 번에 수송할 수 있게 됨으로써 대량 생산이 가능해졌다. 다양한 품목이 대량생산 되면서 컨베이어 벨트 덕에 세계의 산업은 눈부신 도약을 이루게 됐다. 이것이 바로 제2차 산업혁명이다.

가게의 운영도 마찬가지이다. 물밀 듯 몰려오는 주문에 대응하기 위해서는 부분별 '자동화'(automatic)가 이뤄져야 한다. 그리고 이런 자동화를 수행하기 위해서는 각 파트에 대한 디테일한 분업이 뒷받침돼야 한다. 이것을 조금 더 세련된 단어로 말하면 '오토시스템'(auto-system)이라고 표현한다. 사업은 무조건 오토시스템이 가능한 구조로 도입해야 한다.

나의 사업이 house of cards로 운영되지 않도록

창업에서 시스템이 중요한 이유는 크게 내·외부적 관점으로 나누어서 고려할 수 있다. 먼저, 내부적인 관점에서 잘 짜인 시스템은 견고한 운영을 가능하게 한다. 카드 한 장 한 장이 위태롭게 쌓인 카드 성을 본 적이 있는가? 층마다 존재하는 카드 중 어느 하나를 뽑더라도 성은 무너진다. 카드 하나의 힘에 모든 카드가 서로 의지하고 있기 때문이다. 카드 한 장 한 장이 치명적인 역할을 담당하고 있는 구조에서 카드 성의 각 부분은 어느 것으로도 대체될 수 없다.

이것은 불확실성이다. 가게를 운영하는 요소, 예를 들자면 노동자나 식자재 공급 등의 과정에서 하나라도 잘못했다간 그날 하루의 영업이 모두 죽을 쓴다는 건 매일매일 하루 매상 0원의 위험을 안고 산다는 것이다. 이를 방지하기 위해서라도 어느 한 분야가 고장 나도 무리 없이 돌아갈 수 있는 체계가 필요하다.

컨베이어 벨트 제도하에서 도입된 분업 시스템에서는 특정 노동자가 아프더라도 전체 공정은 지장을 받지 않는다. 각 단계가 명확한 순서를 가지고 나누어져 있기에 대체 근무자만 찾을 수 있다면 얼마든지 공장 가동이 가능하다.

사업에도 시스템이 필요하다. 특정한 파트에서 잡음이 생기더라도 외부로 그 소음이 배출되지 않도록, 전체적인 운영이 언제나 원활하게 잘 굴러가도록 하는 과정이 있어야 한다. 대량 생산을 가능하게 하는 오토시스템 역시 순서와 체계가 잘 잡혀있어야 가능하다.

대외적으로는 어떨까?

외식업에서 창업이 성공하려면 프랜차이즈화에 성공해야 한다. 그런데 아무런 체계 없이 뜬구름 잡기식으로 나만의 비결을 2호점에 전수할 수 있을까?

프랜차이즈에 성공하려면 해당 메뉴를 어느 점포에서든 만들 수 있게끔 명확한 순서와 과정을 전수해야 한다. 창업 초창기에 내가 시작한 메뉴가 어제 만들어진 신규 점포에서도 같은 맛을 내도록 하려면 정확히 계량된 레시피와 제작 과정이 필요하다. 이것들을 모두 시스템이라고 해석할 수 있다. 대외적으로도 확실성을 증가시키고 프랜차이즈를 현실화하기 위해 명확히 짜인 시스템이 필요하다. 즉, 외식업계를 운영하는 사람이라면 시스템에 대해서 이해하고 있어야 한다. 내가 어떠한 과정과 체계로 식당을 운영하고 음식을 만들 것이며 이걸 어떻게 바깥으로 전수할 수 있는지에 대한 고찰이 바로 시스템에 대한 고민이다.

03

내재 장점을 살리다

번뜩이는 '아이디어'가 스쳐 지나갈 때, 사업으로 구현해내고 싶어지는 것이 일반적인 창업인들의 심리라는 것을 앞서 언급했다. 물론 기본의 중요성을 강조하기 위해서 그 아이디어가 없어도 사업은 굴러간다고 했지만, 사실 그 아이디어가 내 사업의 아이덴티티가 된다. 성공에 정답은 없지만 오답은 있다. 아이덴티티가 없는 사업은 절대 성공할 수 없다.

힙합으로 치자면, '스웨그'(swag)라고나 할까? 스웨그가 없는 사업은 솔직히 매력이 없다. 그러다보면 재미가 없어 금방 사업을 접게 된다. 실제로 소비자의 구미가 당길만한 아이템이나 이슈를 어떠한 방식으로 다루느냐에 따라 매출이 달라진다. 일반적으로 사업을 구상하고 상상하는 단계에서 '1W5H를 어떻게 구성하느냐'가 그 정체성을 결정한다.

이번에는 그 정체성에 대한 이야기를 다루어보려고 한다. 특히 나 정명진이 사업에서 내세웠고 성공할 수 있었던 몇 가지 특징을 소개해보고자 한다. 창업을 생각하고 있다면, 아마 자신의 특징과 비교해볼 수도 있을 것이다. 나에게는 어떤 정체성이 있을지 이번 장에서 한번 고민해보길 바란다.

창의적인 아이디어와 접목

남들과 똑같은 생각으로는 흥미로운 창업 아이템을 구현해낼 수 없다. 창업에서 가장 중요한 것은 남들이 닦아놓지 않은 길을 걷는 용기이다. 번뜩이고 돋보이는 발상, 창조적 아이디어야말로 기존의 시장에 존재하지 않는 '나만의' 창업 아이템을 가능하게 한다. 그런 의미에서 나는 창의적인 아이디어를 매우 중요하게 생각했다. 해당 발상이 실제 창업과 접목되는 순간 발생하는 시너지 효과는 놀랍다.

실제로 상호와 스토리, 로고 디자인 등은 외식사업에서 매우 중요하다. 가게의 성공을 결정짓는 요소 중 음식의 맛만큼이나 해당 사항들이 주요 위치를 선점하고 있으며 우리는 이를 '디자인 경영'이라고 부른다. 추상적인 아이디어와 시각적인 요소를 잘 매치시켜서 사업에 접목하면 엄청난 마케팅 효과가 있기 때문이다.

고객이 구매한 나의 피자

생생한 절박감이 가져다 준

pizza + story + design

창업에 대한 정보를 얻기 위해 책을 많이 읽었다. 여러 도서 중 <Unitas Brand> 잡지를 매월 구독해서 읽었는데 눈길을 끄는 부분이 있었다. 바로 사업의 기본인 마케팅을 수행하기 위해서 '상호명, 스토리, 로고'를 항상 염두에 두라는 내용이었다. 이유인즉슨 해당 요소들이 브랜드의 '부가가치'를 창출하기 때문이다. 디자인 경영에서 고려해야 하는 파트들은 잘 갈고 닦을 시 음식의 맛 이상으로 다양한 가치를 창출해낸다. 손님들이 음식을 소비하기 위해 내는 금액에는 음식뿐만 아니라 해당 브랜드에 담긴 스토리와 디자인에 대한 종합적인 비용이 담겨있다.

피자 프랜차이즈 운영을 계획했을 때 <피자나라>라는 이름으로는 고객의 구매력을 이끌어내는 데 한계가 있다고 판단했다. 이미 시중에는 알볼로, 도미노라는 거대 파워브랜드 피자가 자리 잡고 있기 때문이다. 그래서 단순히 브랜드 네이밍으로 경쟁력을 띄우기보다는 브랜드의 가치, 즉 통합적인 가치를 올리고자 했다. <피자나라>가 타 브랜드 피자들보다 더 고민하고 노력하는 브랜드로써 고객에게 전달된다면 내가 열심히 갈고 닦은 피자의 퀄리티를 알아주리라고 믿었다. 또한, 이러한 과정이 수반돼야 피자 한 판이라도 더 높은 금액대에 판매할 수 있었다.

10대부터 20대 초반까지 내 생활은 풍족하지 않았다. 언제나 사업에 대한 상상을 해왔고, 또 바로 행동으로 옮겼기 때문에 20대는 유달리 더욱 힘들었던 것 같다. 수중의 돈은 많지 않았고 그렇다고해서 부모님께 손을 벌리고 싶지는 않았다. 사업만이 나의 길이라고 생각했기에 부족한 자금을 극복하여 사업에 매진하고 싶었다. 그래서 나는 마케팅에 더 관심을 두고 성공적인 사업을 수행해내기 위해서 열심히 독학했다. 세스 고딘의 <보랏빛 소가 온다>, 잭트라우스, 알리스의 <마케팅 불변의 법칙> 등 중요하다고 판단되는 책을 달달 외울 정도로 탐독했다. 이론으로 느끼고 실전으로 접했을 때 어떤 성과가 나올지 항상 궁금했다. 그래서 사업을 계획할 때 나의 절박한 배움이 가져다준 지식을 총집합하기 위해서 애를 썼다.

물론 이렇게 쌓은 지식이 직접적이고 구체적으로 사업의 어떤 부분에 이러한 도움을 주었다라고 콕 짚어 말할 수 있는 것은 아니다. 지식만 많다고 해서 바로 사업에 성공했던 것도 아니다. 실제로 세 번 정도의 실패를 겪고 나서야 감을 잡았다. 그러나 군대에서 책을 통해 쌓았던 지식은 뇌리에 박혀, 훗날 실전에서 자연스럽게 나오게 되었다. 이를테면 이론적 토대가 탄탄했기에 나는 창의적인 아이디어에 대한 중요성을 미리 알 수 있었다. 그래서 먼 길을 돌아가지 않았다.

상상을 통해 쌓아온 창의적 아이디어를 브랜드 스토리와 로고 디자인 등에 쏟을 수 있었던 것도 책을 통해 습득하지 못했다면 생각해내지 못했을 것이다.

지식을 바탕으로, 남들보다 조금 더 창의적으로 발상하려는 나의 노력과 재능은 결국 상호뿐만 아니라 브랜드의 부가가치를 향상하는 데 큰 도움이 된 셈이다.

브랜딩, 스토리텔링으로 열정 영혼을 담다

창의적인 아이디어를 고객에게 전달하기 위해서는 매개체가 필요하다. 한 세기를 대표하는 화가인 피카소의 작품을 감상할 때 작품 그 자체만으로는 무슨 의미인지 알기가 힘들다. 그가 살아온 환경과 역사, 작품에 담긴 신념과 해당 작품이 어떠한 과정에서 만들어졌는지를 듣는 순간 비로소 작품의 가치를 이해하게 된다.

창업도 마찬가지이다. 나의 음식과 브랜드에 대한 가치, 즉 창의적인 아이디어를 전달하기 위해서는 '스토리텔링'이 필요하다. 브랜드에 담긴 이야기를 흥미롭게 풀어내는 과정에서 소비자에게 가치를 전달할 수 있기 때문이다. 음식 그 자체가 매개체로 작용하는 것은 소비자 관점에서 이해가 어려우므로 친절한 스토리텔링을 고려해야 한다.

스토리텔링을 성공하려면 구전 효과가 무엇보다 중요하다. 구전이란 입에서 입으로 전해진다는 의미로 쉽게 말해 입소문 효과와 같은 의미이다. 그 옛날 서동이 선화 공주를 얻기 위해 아이들에게 서동요를 부르게 해 자신의 목적을 이룬 것처럼 여러 사람의 입을 타고 번져나가는 소문은 큰 파급력을 가진다.

마케팅에서는 이를 바이럴(viral) 마케팅이라고 부른다. 마치 바이러스처럼 퍼져 나간다는 의미이다. 사람들이 기억하기 쉽고 직원들에게도 소속감을 부여하는 스토리는 브랜드의 핵심 가치를 전달하는 필수 수단이다. 또한, 언론과 미디어, SNS 홍보를 위한 콘텐츠를 짜기 위해서도 반드시 필요하다.

나는 20대 때부터 컴퓨터 게임 대신 상상하기를 취미 삼아 즐겼다. 상상 속에서는 무엇이든 할 수 있었기 때문이다. 이러한 상상 중에서 실제 창업과 연관 지을 수 있는 것을 건져낼 때마다 상표등록을 하러 특허청에 갔다. 그것은 컴퓨터 게임 이상으로 짜릿한 나만의 게임이었다. 행복한 상상은 나를 창업의 길로 빨리 인도해주었다. 힙합과 햄버거를 결합한 사업을 상상하면서 나는 '길거리 버거'라는 콘셉트를 떠올렸다. 10대부터 30대들이 좋아하는 힙한 스트리트 버거라는 맥락으로 이름 역시 T-way 버거(teenager, twenty, thirty way)로 지어 트럭장사를 시작했다. 이 장사를 하면서 깨달은 점이라면 스토리가 없는 사업에는 애정이 생기지 않는다는 점이다.

브랜드에 담긴 스토리는 창업주에게 단순한 콘셉트 이상의 가치를 지닌다. 어떻게 해당 브랜드가 탄생했는지, 무엇을 전달하고자 하는지, 얼마나 이 브랜드를 생각하는지를 총 집합하여 표현된 가치가 바로 '스토리'이기 때문이다. 즉, 브랜드 하나의 히스토리이자 정수이다. 그러므로 스토리텔링이란 곧 내가 얼마나 브랜드를 사랑하고 이 사업에 애정이 있는지를 알려주는 셈이다. 그래서 스토리를 고안해낼 수 없는 사업은 성공확률이 낮을 수밖에 없다. 나의 애정에 대한 지표에서 낮은 점수를 받았다는 증거이기때문이다.

사업에서 스토리텔링을 시도하는 것은 내가 브랜드에 부여한 애정과 역사를 보여주는 것이다. 그러므로 억지로 지어낼 필요 없이 내 브랜드가 가진 고유한 아이덴티티를 표현하면 된다. 어떻게 만들어졌는지 말이다. 이를 짜임새 있게 정돈한다면 타 브랜드와는 다른 차별화에 성공할 수 있다. 이를 바탕으로 바이럴 마케팅을 시도하면 스토리텔링은 더는 어려운 것이 아니다.

프랜차이즈 CEO 정명진의 '열정' 이야기

앞선 내용에서 창의적인 아이디어와 스토리텔링에 대한 나의 견해를 살펴보았다. 하지만 창업에서 가장 중요한 포인트는 아마도 이제부터 말할 '열정'이 아닐까 싶다. 열정이야말로 아이디어와 스토리를 존재하게 해주는 토대이자 양분이다. 어떤 일이든 자신이 열정을 갖고 임하지 않으면 완주할 수 없다. 창업도 예외가 아니다. 창업의 시작부터 어떤 단계든지 열정이 필요하지 않은 단계는 없다. 열정은 곧 해당 분야에 대한 애정이요, 사랑이기 때문이다. 나 역시 지금의 CEO 자리에 서기까지 남다른 열정을 가지고 뛰어왔다. 창업이라는 필드의 '도전자'에서부터 '대표님'이 되기까지, 내가 일궈낸 성공의 근원으로 열정을 뽑고 싶다. 그것은 돈을 주고도 살 수 없는 내 마음의 소리이자 살아있는 경험들이다.

안 되면, 되게 하라
나는 해야 한다고 마음먹은 일은 무슨 일이 있어도 꼭 해내고야 마는 스타일이다. 그 과정이 아무리 어렵고 번거롭더라도 말이다. 스스로 세워놓은 목표를 달성하는 일만큼 개운한 일은 없다. 그래서 나는 잠자는 시간을 줄여서라도 내가 만든 목표를 꼭 달성하고야 말았다. 자신과의 싸움에서 지지 않기 위해 지난날 부단히 노력해왔다. 하루에 4시간을 자는 경우도 있었으나 피곤하지 않았다. 오히려 고단한 후에 찾아올 미션 완수의 달콤함이 나를 격려했다.

이기는 것도 습관이고 지는 것도 습관이다. 자신과의 싸움에서 자꾸 포기하게 된다면 그 패배는 결국 습관이 된다. 미래를 결정짓는 터닝 포인트는 거창한 사건에 달리지 않는다. 하루하루의 일상이 쌓아올린 탑 위에 있다. 즉, 자신이 평소에 거쳐 온 습관들이 미래 성공을 만드는 셈이다. 그래서 나는 안 되는 일도 되게 하려고 어떤 일이든 마음을 먹으면 꼭 이뤄냈다.

나를 낳아주신 감사한 부모님과 사랑하는 딸 은율이 그리고 아내 민선이를 위해 밤을 새워서라도 필요한 걸 배워야 했다. 현업에서 열심히 땀 흘리는 것이 내가 보여줄 수 있는 가장 멋진 모습이라고 생각했기 때문이다. 사업을 성공적으로 운영하는 데 필요한 지식이 있으면 습득해야 한다. 그게 내가 사랑하는 사람들을 행복하게 해주기 위해서 더 나아가 그들을 지켜내기 위해서 마땅히 가져야 하는 책임감이다. 그래서 나는 언제나 열정에 기름을 붓고 앞으로 나간다.

진정한 Leader란? 사람의 마음을 읽는 Reader

말하지 않아도 우리는 서로의 눈빛을 보면 마음을 알 수 있다. 나 역시 마찬가지이다. 유로코피자를 존재하게 해주는 창업 점주님들과 직원들의 눈을 보면 마음을 알 수 있다. 언제나 그들의 입장과 마음을 이해하고 읽기 위해서 노력한다. 진정한 리더라면 동료들이 겉으로 내색하지 않아도 먼저 다가가 진심을 읽을 수 있어야 한다고 생각한다. 이러한 과정이 있어야 더 나아가 시장의 트렌드와 미래의 흐름을 읽을 수 있는 혜안을 가질 수 있다. 결국, 나의 경험이 쌓아올린 열정이란 사랑하는 일과 사람들을 지키고 행복하게 해주는 것, 그 행복을 거름으로 삼아 미래의 가치와 동향을 읽어내는 능력이다. 창업을 성공적으로 이뤄내고 싶으면 먼저 열정을 가져라. 열정으로 일과 사람을 대하면 거기에 분명 새로운 문이 열릴 것이다.

03 [경험에서 배우다] 정명진이 말하는 창업의 기본

1 고부가가치, 대중성, 개인의 브랜드화, 시스템화

고 + 부가 + 가치

원재료의 품질 향상과 서비스는 기본, 새로운 전략적 가치가 부가되어야 하는 시대임을 잊지 말자! 창업주는 언제나 남다른 시선과 통찰력으로 자신의 사업을 돌볼 수 있어야 한다.

대중성

유니크함보다 대중적일수록 외식업은 성공 가능성이 높아진다. 보편적이니 시장이 넓어지고, 경쟁 풀이 넓어서 지속할 수 있기 때문이다. 이목을 끌 수 있는 마케팅이나 나만의 레시피 등의 경쟁력을 조금만 갖춘다면 얼마든지 성공 가능성이 있다.

브랜드화

백종원, 이연복, 최현석 쉐프 등 외식업계에서 자신을 브랜드로 내세운 사업가를 쉽게 떠올릴 수 있다. 개인이 브랜드화되면 메뉴에 대한 제약이 없어지고, 음식 이상의 가치를 담으며 꾸준한 홍보 효과가 있다.

시스템화

외식업계를 운영하는 사람들은 시스템에 대해서 이해하고 있어야 한다. 내가 어떠한 과정과 체계로 식당을 운영하고 음식을 만들 것이며 이걸 어떻게 바깥으로 전수할 수 있는지에 대한 고찰이 필요하다.

2 창의성, 스토리텔링, 열정 더하기

창의성

보기 좋은 떡이 먹기도 좋다. 사람은 입으로만 먹는 것이 아니다. 눈으로도, 심지어 귀로도 먹는다. 어떻게 보이고 어떻게 들리느냐에 따라 같은 음식도 맛이 달라진다. 상호와 스토리, 로고 디자인을 무시할 수 없다. 창의적으로 접근하자.

스토리텔링

소문의 힘은 강력하다. 스토리가 있으면 누구나 흥미와 관심이 생기고, 그만큼 창업주의 애정을 느낄 수 있다. 외식업에 나의 이야기를 부여해보라. 억지로 지어낼 필요 없다. 브랜드가 가진 고유한 아이덴티티를 표현하기만 하면 된다.

열정 더하기

열정이 있다면, 안 되는 것도 되게 만드는 힘이 생긴다. 그리고 그 열정 하나가 사소한 습관을 바꾸고 결국 성공하는 습관을 만든다. 나는 가족을 생각하면서 열정에 기름을 부었다. 여기에 상상이라는 기름을 친구와 함께 들이부었다. 그리고 주변에 나눠주며 더욱 배가 되었다. 열정의 전염도는 굉장히 높다. 창업을 성공적으로 이뤄내고 싶으면 먼저 열정 있는 사람을 만나고 열정을 나눠가며 끊임없이 생산해라.

BREAK FRANCHIS

프랜차이즈
상식을 깨다

외식업 프랜차이즈 창업 성공 비법

[비밀 노하우 공개]

실패하지 않는
외식 창업 비법

외식투자 없이 자신의 점포를 개설하는 것은 현실적으로 어려운 일이지만
자세하게 계획만 잘 짠다면 생각 외로 저렴한 비용으로 창업할 수 있다.

01

기본 투자금 오천만 원

　　본격적인 이야기를 시작하기 전, 외식 사업을 시작할 때 참고하면 좋을 만한 비법을 전수하고자 한다. 20대부터 축적해 놓은 경험을 데이터 삼아 어느 정도 검증이 된 비법 혹은 팁이기 때문에 실제 창업을 희망하는 사람들이 꼭 확인하고 진행했으면 좋겠다.

　창업에는 여러 가지 준비해야 할 단계들이 많지만, 차근차근 준비하다 보면 어느새 '나만의 가게'라는 종착지에 도착해있을지도 모른다. 그 단계를 조금이라도 줄이고 싶다면 실패하지 않는 외식 창업 비법을 주목해야 한다. 창업의 기본인 투자 자금부터 첫 3개월간의 운영 요령까지 핵심만 선별해서 담아보겠다.

기본 투자금 오천만 원

초기 비용 = 회수가 가능한 비용, Input만큼의 Output을 고려하라

　창업을 시작할 때 가장 먼저 고려하게 되는 문제가 바로 '돈'이다. 돈 없이는 창업이 힘들까? 결론만 말하자면 일정 부분 '예스'다. 하지만 꼭 알아둬야 할 것이 창업을 위해서 억만금의 돈이 필요하지는 않다는 점이다. 투자 없이 자신의 점포를 개설하는 것은 현실적으로 어려운 일이지만 자세하게 계획만 잘 짠다면 생각 외로 저렴한 비용으로 창업할 수 있다.

　창업을 시작하기 위해서는 초기 비용이 필요하다. 점포를 개설하고 정상적으로 운영하기 위해서 소요되는 가장 기본적인 자금을 '초기 비용'이라고 부른다. 창업에 서툰 사람들이라면 이 초기 비용에 두 가지 관점을 가질 것이다.

  - 첫째, 화려하고 멋진 점포를 가지려고 많이 투자하고 보는 것
  - 둘째, 최대한 돈을 아끼기 위해서 절약하고 또 절약하자는 것

　사실 후자보다도 전자가 더 위험하다. 창업에 투자하는 돈은 결코 허투루 쓰여서는 안 된다. 특히 대출 등을 통해 채무로 초기 비용을 마련한다면 더더욱 그렇다. 창업에 투자하는 자금은 다음에 회수할 수 있어야 한다. 아무리 가게를 성공적으로 운영한다 할지라도 초기 비용에 대한 회수가 이뤄지지 않으면 계속해서 마이너스 운영이 되기 때문이다. 그러므로 실제로 가게를 운영했을 때 고려한 기간 안에 수익으로 회수가 가능한 자금을

투자하는 것이 옳으며 그 이상으로 자금이 소요될 시에는 합리적인 이유로 지출되는 게 맞는지 꼼꼼하게 따져보아야 한다. 지출(output)을 따라가지 못하는 수입(input)은 더는 투자의 개념이 아니라 '사치'의 개념이 되기 때문이다.

그렇다면 후자는 어떨까? 창업에 드는 비용을 줄이고자 하는 노력은 굉장히 합리적인 시도로 이해될 수 있다. 하지만 투자 없이는 수확도 없는 법이다. 지나치게 돈을 아끼려고만 했다가는 가게 운영에 필수적인 요소들을 놓칠 수 있다. 그러므로 무턱대고 돈을 아끼려고 하는 것 보다는 창업에 반드시 필요한 비용들을 먼저 최저 수준으로 산출한 다음에 여기에서 본인 판단으로 필요한 경비들을 미리 추가적으로 준비해놓는 방안이 좋다. 또한, 최저 비용으로 진행하지 못한다는 리스크가 있기 때문에 시세를 고려하여 각 비용에서 일정 부분을 안전장치로 플러스해놓길 바란다.

창업에 대한 자금을 준비할 때는 추후 운영을 고려하여 회수가 가능한 만큼을 투자해야 한다. 물론 어느 기간 안에 회수할 것인가는 개인의 성향에 달렸으며 실제 가게를 운영했을 시 초기 비용 회수에 대한 기간은 누구도 확신할 수 없다. 그러므로 이러한 여러 위험을 다 고려하여서 가장 합리적으로 자금을 산출하되 일정부분의 금액은 안전장치로 마련해두는 방향이 좋다. 기초적인 비용을 반드시 투자하되 자신의 가능한 범위에서 투자를 진행하고 총 전체 금액이 추후 가게 운영에 무리가 가지 않게 해야 한다. 지출을 고려하여 투자하는 것이 창업 자금의 기초적인 상식이다. 과하지 않되 넉넉하게 자금을 준비하라.

오천만 원으로 시작하는 기적

그런 의미에서 기본 투자금을 넉넉잡아 5천만 원 정도로 제안한다. 물론 외식업계에도 다양한 분류가 있으니 어떤 프랜차이즈 혹은 종목을 선택하느냐에 따라 차이는 존재한다.

10평 내외 영업장 창업비용 간단하게 산출하기 (단위: 만 원)

인테리어	1,500
집기 및 인테리어	1,500
간판설치	500
가스닥트 및 기타	500
각종 부가세	1,000
총액	5,0000

기본적인 산출 근거는 다음과 같다. 기본적인 인테리어 비용으로 보통 평당 150만 원 전후를 잡는다. 이렇게 하면 10평 기준으로 약 1,500만 원 정도가 소요된다. 그 후 집기와 인테리어를 진행하는데 2,000만 원 내외가 든다. 간판 설치에 500만 원, 가스닥트 및 기타 집기까지 해서 다시 500만 원 추가, 부가세까지 고려한다면 총 5,000만 원이라는 합계 비용이 나온다. 물론 브랜드마다 차이가 있음을 반드시 고려해야 한다. 또한, 보증금은 1,000~2,000만 원 사이이므로 권리금이 없는 배달 매장의 경우에는 어림잡아 7,000만 원 정도가 든다고 보면 된다.

02

외식 창업 요리 실력 키우기

────────────── 자금에 대한 문제까지 해결하였다면 이제 본격적으로 외식업에 뛰어들 준비를 해야 한다. 외식업을 운영하는 데 필요한 가장 기본적인 소양이라면 바로 '요리'이다. 그렇다면 요리 실력은 어떻게 키울 수 있고 어떻게 준비해야 할까? 여러 가지 방법이 있겠지만 가장 평이하고 수행하기에 쉬운 두 가지 방법을 소개해보고자 한다.

학원 수강

요리 초보가 외식 창업을 준비하기 위해서 어떤 자세를 가져야 할까? 일단 기본적으로 요리학원 수강 정도는 했으면 하는 바람이다. 실무에 대한 경험이 없더라도, 관련 전공이 아니더라도 말이다. 검증된 지식이야말로 진짜 지식이다. 자신이 요리를 잘한다고 믿더라도 실무 경험이 없다면 외식 창업을 시작 전에 요리학원을 꼭 다녀보자. 요리학원은 단순히 음식을 맛있게 만드는 법만 배우는 곳이 아니다. 요리에 대해 내가 가진 지식을 검증받는 절차이기도 하다.

요리를 업으로 삼는 사람들에게 방법을 배우면서 우리는 사소한 오류들을 교정할 수 있다. 재료를 개량하는 법, 손질하는 법, 보관하는 법, 식자재에 대한 기초 상식 등 자신이 미처 발견하지 못한 지식을 보완할 수 있고 옳지 못한 습관들을 교정받을 수도 있다. 그런 의미에서 학원을 수강하는 시도는 매우 도움이 된다. 열정이 있는 창업주 중에서는 이미 외식업 관련 실무에 경험이 있음에도 불구하고 자신이 가진 지식과 정보를 보완하기 위해서 요리학원에 다니는 경우도 있다. 이러한 노력의 차이는 분명 결과로 나타나기 마련이다.

좋아하는 것과 잘하는 것의 차이가 있다. 어떤 일이든 잘해야 한다. 그런 의미에서 요리학원에 다녀야 하는 또 다른 이유는 자신의 주력 장점을 발견하기 위해서이다. 아무리 음식과 요리를 좋아하는 마음에서 창업을 다짐했다 할지라도 맛이 없으면 팔리지 않는다. 과정도 중요하지만, 결과도 중요하다. 또한, 자신이 가진 고유한 입맛에 부합하는 요리가 아니라 상품 가치가 있는 요리를 만들기 위해 대중성을 담아낸 맛을 표현해야 한다. 그런 의미에서 자신이 과연 요리를 좋아하는지, 잘하는지를 알아야 하고 만약 잘한다면 주로 어떤 메뉴에 능한지를 파악해야 한다. 즉, 요리학원에 다님으로써 우리는 기존에 가진 지식을 보완하고 점검할 수 있으며 전문적으로 업그레이드할 수도 있다. 더 나아가 입맛의 한계를 극복하고 대중적인 요리, '잘' 만든 요리에 대한 단계를 배울 수도 있다.

사실 가장 좋은 것은 외식 사업에 뛰어들기 전에 관련 학과를 이수하거나 레스토랑 등의 업종에서 실무 경험을 쌓는 것이다. 하지만 만약 시기상 이러한 과정을 진행하기에 어려움이 따른다면 기본적인 요리 실력을 쌓기 위해 요리학원에 다니면서 자격증 취득 등에 도전해보자.

레스토랑 외식업 근무 경력

 백문이 불여일견, 한번 보는 것이 열 번 듣는 것보다 좋다 하였다. 요리도 마찬가지다. 성공적인 외식 사업을 하려면 그 과정에 대해 살아있는 경험이 중요하다. 실제로 가게를 운영해본 경험이 없어도 좋다. 다만, 레스토랑에 근무하며 주방이 어떠한 과정으로 운영되는지에 대한 경험이 있다면 훨씬 쉽게 외식업을 이해할 수 있다. 작은 식당이라도 직접 요리를 해보고 식자재를 다뤄봄으로써 요리에 대한 애정을 키울 수 있을 뿐만 아니라 위기 상황에 대한 임기응변도 기를 수 있다. 바깥에서는 알지 못할 다양한 위험과 사건 사고가 발생하는 주방, 능숙한 사람은 긴급한 상황을 여유 있게 핸들링할 수 있다.

그래서 외식업과 관련된 학과를 나온다면 훨씬 창업에 가까이, 빠르게 다가설 수 있다. 메뉴에 대한 이해와 주방 운영에 대한 청사진을 그리기 쉽기 때문이다. 관련 지식이 아무것도 없는 상태에서 창업을 시작하는 것이 마치 공채에 지원한 신입이라면 관련 이론과 실무를 실제 경험으로 익히고 수년 동안 테스트 과정을 거쳐서 창업에 도전하는 것은 경력직이라고 볼 수 있다. 주위의 인맥을 형성하기에도 관련 필드에 1년이라도 종사해보거나 관련 학과를 나오는 것이 도움이 될 것이다. 비단 외식업뿐만 아니라 모든 업계가 마찬가지이다.

외식업에 대한 사전 경험을 적극적으로 추천하는 바이지만 그렇다고 해서 반드시 그럴 필요는 없다. 나 역시 호텔조리학과 전문대학을 나왔지만 재학 당시 그렇게 요리를 잘하는 편은 아니었다. 오히려 학생회장 출신으로 리더쉽에 대한 경험이나 교수님들과의 관계 형성에 더 능숙했다. 요리에 대한 눈썰미는 부족했지만 내가 발을 담근 분야에 대한 애정과 열정만큼은 가득했다.

중요한 것은 자신의 성장 과정이 외식업과 다소 동떨어져 있다고 해서 포기하지 말아야 한다. 외식업에 대한 실무 경험과 다양한 사례를 보유하고 있다면 더욱 좋겠지만, 이것은 조미료 정도로만 기억하자. 열정과 의지만 있다면 정규 교육과정이나 실무 경험은 사실 금방 따라잡을 수 있다. 개인마다 시차는 있겠지만, 이 시차를 극복해주는 게 '애정'의 차이임을 염두에 두자. 또한, 초보인 상태에서 요리에 도전하더라도 시간이 지나면 발전하기 마련이므로 의기소침해 할 이유가 없다.

다음 부분에서는 매장 시스템을 어떻면 효율적으로 운영하는지, 장기적으로 나의 점포를 생존시킬 수 있는지에 대해서 알아보고자 한다.

03

매장 운영 비법

──────────────── 이번 장에서는 매장을 운영하기 위해 알아야 할 소양들을 6가지로 나누어서 설명해보고자 한다. 파트는 분리된 사항이 아니라 유기적으로 연관되어 있다. 그러므로 외식 프랜차이즈 사업에서 성공하고 싶다면 각 분야를 모두 신경 써서 세심하게 수행해야 한다. 까다로워 보이지만 차근차근 하나씩 준비한다면 그리 어렵지 않다.

열정과 성실

리더십

고객 응대

마케팅 전략

배달 속도

콤플레인 응대

열정과 성실

열정

자신이 이 사업에 과연 열정을 가졌는지 아닌지 그리고 그 열정이 일을 시작하는 데 도대체 왜 중요한지를 하나씩 알아본다면 자신의 현 상태 점검에 도움이 될 거라 생각한다.

열정은 곧 애정이다. 사업을 지속하기 위해서는 그 일에 관심과 흥미가 있어야 한다. 그래야만 끊임없이 자신을 점검할 수 있고 부족한 부분에 대한 보완이 가능하기 때문이다. 또한, 열정 없이는 발전도 없다. 열정 없이 일을 시작하면 자신의 업이라는 사명감이 낮아지고 책임의식이 흐려진다. 마땅히 나의 자리라는 마음가짐은 일에 대한 애정에서부터 나오는 것이다.

그래서 외식 사업을 시작하기 전에 자신이 정말 해당 일을 혹은 이 메뉴를 사랑하는지, 관심이 있는지부터 살펴야 한다. 남들이 하기에 멋져 보이는 일이 아니라 자신이 지속적으로 파고들 수 있는지를 판단해야 한다. 매장 운영에는 열정이 중요하다. 항상 좋은 일만 일어날 수는 없다. 언젠가는 매출이 급감하는 어려운 시기가 올지도 모르고 때로는 갑작스럽게 생겨난 위기 상황에 노출될지도 모른다. 이러한 상황에서 매장에 대한 애정이 없다면 쉽게 운영을 포기하게 된다. 단순히 수익성만 따져보고 애정 없이 일을 시작한다면 매장 운영에서 발생하는 각종 리스크에 발 빠르게 대처하기 어려워진다.

이 일에 열정을 가지고 있는지 살펴보았다면 그 다음에는 잘하는 일과 좋아하는 일을 구분해보자. 나는 열정은 곧 애정이라고 표현했다. 하지만 단순하게 좋아하기만 한다고 해서 모든 일을 다 완벽하게 수행해내는 것은 아니다. 그래서 잘하는 일과 좋아하는 일을 구분해서 생각하는 지혜가 필요하다. 사업에서 필요한 열정이 잘하고 좋아하는 분야에 대한 열정이면 좋겠지만, 현실에서는 이 두 가지를 동시에 충족하기가 어렵다.

그러므로 자신이 열정을 느끼고 있는 분야가 좋아하는 건지, 잘하는 건지를 살펴보자. 예를 들어, 매장을 운영할 때 식자재 선정, 실제 요리 그리고 고객 응대의 3가지 파트가 있다고 가정해보자. 이 세 가지 분야에 모두 같은 크기의 열정을 갖고 있다고 했을 때 뜻밖에 자신은 고객 응대에 소질이 없을 수도 있다. 열정은 있는데 능력이 따라주질 않는 셈이다. 그럴 때는 실력을 갈고닦아서 해당 분야에 능통해지기 위해 노력하는 과정도 필요하겠지만 아무리 시도를 해도 능통할 수 없다면 차라리 취약한 분야는 잘하는 사람에게 맡기는 것이 좋다.

매장을 운영할 때는 열정을 가져야 하는 게 분명히 맞지만, 운영에 필요한 각 요소에 대해서 내가 갖춘 능력이 열정의 크기와 같지 않을 때는 더 큰 열정을 갖고 있거나 능력을 갖춘 사람에게 임파워먼트(empowerment), 즉 권한위임을 해주는 것을 추천한다. 주로 열정은 내가 좋아하는 분야에서 표출되기 마련이다. 하지만 좋아함에도 불구하고 매장 운영에 도움이 되지 않는 열정이라면 효율적으로 일을 분배해야 한다.

정리해서 말해보자면 열정은 자신만의 사업을 꾸려 가는데 필수적인 요소이다. 일을 사랑하는 마음, 발전시키고 싶은 마음이 없다면 꾸준히 지속하기 어렵기 때문이다. 그래서 매장을 운영할 때는 내 매장에 대한 사명감과 책임의식을 위해서라도 열정을 마음에 품어야만 한다. 하지만 매장 운영을 디테일하게 파고들었을 때 내가 가진 열정에 재능이 따라주지 않는

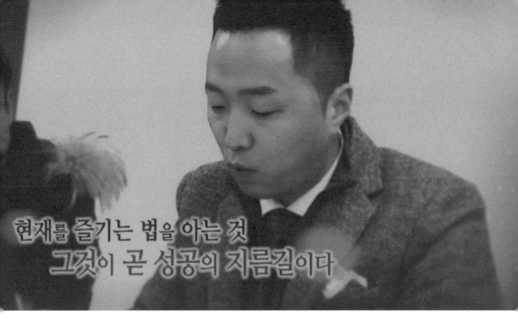

현재를 즐기는 법을 아는 것
그것이 곧 성공의 지름길이다

다면 해당 분야는 잘하는 사람에게 맡겨야 나의 다른 열정들이 손해를 보지 않는다. 자신의 가게를 사랑하는 불같이 뜨거운 열정과 이 열정이 충분히 발휘될 수 있게끔 좋아하는 것과 잘하는 것을 구분할 줄 아는 혜안을 가져야 한다.

성실

다음은 성실이다. 성실은 두말할 것도 없이 모든 일을 뚝심있게 수행해 나가기 위해 반드시 필요한 자격이다. '개미와 베짱이'라는 동화에서도 알 수 있듯 당장에는 마치 노는 듯이 일을 설렁설렁 해내 가는 사람이 부러울지라도 결국 장기적인 관점에서 본다면 매일 같은 자리를 지켜온 사람에게 성공이 주어진다.

42.195km를 모두 달려야만 하는 마라톤을 생각해보자. 마라톤을 완주하는 데 필요한 것은 강철 같은 체력일까? 튼튼한 두 다리가 있다면 누구나 마라톤을 완주할 수 있을까? 정답은 뜻밖에도 '아니오'이다. 아무리 체

력이 좋은 사람이라도 마라톤을 실제로 뛰어보면 완주하지 못하고 중도 포기하는 경우가 많다. 긴 레이스를 뛸 만큼의 충분한 체력을 갖고 있음에도 불구하고 그 체력을 보충해주는 의지가 부족하기 때문이다. 사업도 마찬가지이다. 한번 일을 해내겠다고 마음먹은 이상, 목표로 한 수익과 자리에 오르기까지 중요한 것은 여러 사람의 기술과 비결이 아니다. 자신이 한자리를 묵묵하게 지켜갈 수 있는 성실함이 중요하다.

그런 의미에서 성실함은 각별하다. 동네에 있는 여러 음식점을 떠올려 보자. 분명히 맛도 있고 장사도 잘됐는데 몇 번이고 사장이 바뀌는 경우가 있다. 이유야 다양하겠지만, 사장이 바뀔 때마다 사람들은 묘한 차이를 인식하기 때문에 친밀감이 떨어지게 된다. 반면, 음식 자체의 경쟁력은 다소 낮더라도 한자리를 꾸준히 지켜오고 있는 가게가 있다면 때로는 그 가게에 들러서 익숙한 점원과 눈을 맞추고 음식을 먹고 싶어지는 순간이 한 번쯤은 오기 마련이다.

매장을 운영하는 데 있어서 성실함은 손님으로 하여금 호감의 이미지를 안겨준다. '언제나 묵묵하게 열심히 일하는 사장님'의 이미지는 뜻밖에 강하다. 성실하게 운영하는 매장은 고객으로 하여금 신뢰를 주기 때문에 더욱 플러스 요소로 작용한다는 점을 알아두자. 단, 성실함에 안주해서 음식 맛에 소홀해야 한다는 것은 전혀 아니다.

그 외에도 성실함은 매장을 꾸준히 운영하는 데도 도움을 준다. 열정과 같은 이치인데 매장의 매출이 급감하거나 갑작스러운 리스크가 찾아왔을 경우, 이를 극복할만한 인내심이 없다면 매장은 문을 닫을 수밖에 없다. 하지만 전화위복이라는 말이 있듯이 가게를 운영하다 보면 한 번쯤은 위기가 찾아오기 마련이고 그 위기를 극복하면 더 큰 성공을 맞이할 수도 있다.

그러므로 성실하게 꾸준히 자리를 지키는 자세가 필요하다.

오늘의 매장이 내일도 존재할 수 있게끔, 매일 같은 시간에 개점하고 같은 시간에 폐점하는 '당연한' 운영은 성실함에서 나온다. 때로는 힘이 들고 어려운 일이 생기더라도 운영을 포기하지 않게끔 자신을 다독여주는 것은 자신이 가진 인내심과 의지이다. 그리고 이러한 미덕은 성실함으로 표출된다. 그래서 성실함에는 매장 운영에 대한 인내심과 의지가 필요하다. 다시 한 번 말하지만, 내일이 와도 모레가 와도 언제나 자리를 지키고 있는 롱런 매장을 위해서는 성실한 자세가 필요하다.

리더십

가게를 운영하기 위해서는 나 혼자만의 힘이 아닌 여러 사람의 힘이 필요하다. 동업자, 직원, 아르바이트생까지 우리는 창업 점주, 즉 사장의 포지션에서 다양한 사람들과 함께 일해야 한다. 이때 리더십이 없다면 통솔력을 잃게 되므로 나의 가게를 원하는 방향으로 운영할 수 없다. 이미 리더십에 대한 중요성은 많은 사람이 다양한 분야에서 강조했으므로 그 중요성에 대한 이야기는 불필요할지도 모르겠다. 그러므로 이번 장에서는 실제 매장 운영에서 요령껏 발휘하는 리더십에 대해 설명해보고자 한다.

최고의 리더(leader)는 최고의 팔로워(follower)다

리더십(leadership)은 무리의 수장을 말하는 'leader'라는 단어와 기술, 능력, 신분이나 지위 등을 나타내는 접미사 'ship'이 합쳐진 합성어이다. 즉,

무리를 이끌어나가는 사람이 가진 자세라는 뜻으로 전통사회에서는 다소 권위적인 의미로 해석됐다. 위계질서의 최상단에 위치하여 무게 있고 힘 있는 사람이 갖추고 있는 마인드로 말이다. 보수적인 사회에서는 이러한 권위적 리더십이 효과를 발휘했지만, 세상이 많이 바뀌었다. 달라진 시대에서 최고의 리더란 오히려 권위를 탈피해서 스스로 낮은 자세로 들어갈 수 있는 사람을 말한다.

그런 맥락에서 '팔로우십'(followship)이라는 말이 탄생했다. 무리에서 존재하는 리더를 따라가는 일반적인 추종자를 의미하는 follow와 ship이 합쳐진 말이다. 팔로우십이란 어떠한 조직이나 집단에서 사람들의 말을 귀 기울여 듣고 자신의 행동에 반영하거나 지시사항을 적극적으로 수행하고자 하는 자세를 말한다.

그렇다면 매장 운영에서 우리가 팔로우십을 갖춰야 하는 이유는 무엇일까? 팔로우십을 갖춘 리더는 자신을 따르는 사람들을 배려할 수 있다. 어떠한 마음가짐을 가졌는지, 지금 상태가 어떤지 세심하게 살피고 매장 운영에 적극적으로 반영하고자 노력하기 때문이다. 팔로우십의 핵심 키워드는 '경청'이다. 직원과 아르바이트생 그리고 동업자들이 매장에서 어떤 상황에 놓여있는지 세심하게 듣고 파악하고자 하는 노력이 필요하다.

팔로우십은 민주적인 운영을 가능하게 하고 지위를 초월하여 직원들과 원활한 쌍방 커뮤니케이션을 가능하게 해준다. 팔로우십은 직원들에게 어떠한 권한을 위임하는 임파워먼트(empowerment)의 의미가 아니다. 권한은 리더가 모두 갖고 있다. 하지만 그 권한을 남용하지 않고 오히려 먼저 낮은 자세를 취함으로써 직원들의 애로사항을 적극적으로 해결하게 된다. 직원들은 자신의 불만이나 매장의 개선 방안에 대해 허심탄회하게 털어놓을 수 있다. 결과적으로 분란이 적고 평화로운 운영을 가능하게 하는 것이다.

이러한 팔로우십을 발휘하기 위해서는 어떤 요령이 필요할까? 어려움을 느끼고 있다면 '나(I) 대화법'을 적용해보자. 우리가 상대방과 대화를 하면서 자신도 모르게 취하고 있는 발화 자세는 크게 두 가지가 있다. 먼저하나는 어떠한 일이 잘못됐을 때 그 원인을 상대의 탓으로 돌리는 '너(You) 대화법', 다른 하나는 문제의 원인을 자신에게서 찾는 '나 대화법'이다.

상황 : 상대방이 근무시간에 30분이나 늦은 경우

[너 대화법] 네가 30분이나 늦은 바람에 오늘 운영에 차질이 생겼잖아?
[나 대화법] 내가 너에게 근무시간을 한 번 더 상기시켜주지 않아서
　　　　　　　 늦었구나.

대화에서도 볼 수 있지만 '너 대화법'은 문제의 탓을 상대에게 돌리기 때문에 불쾌한 감정 싸움으로 이어질 수 있다. 아무리 상대방이 명확하게 잘못을 했다 할지라도 말이다. 대화에서 자기 잘못을 바로 지적 당하면 욱하는 마음이 들어 잘못에 대한 반성보다도 좋지 않은 표현이 먼저 튀어나오는 게 사람이기 때문이다.

반면, '나 대화법'은 상대방의 잘못과 상관없이 문제의 원인에 대한 해답을 자신에게서부터 찾는다. 그러므로 상대방을 탓할 일이 적어 불필요한 싸움을 만들 일이 없다. 자신이 잘못했음에도 불구하고 상대가 역으로 나를 배려하여 친절하게 말을 하니 역설적으로 더 반성하게 된다.

매장 운영에서 '나 대화법'으로 사람을 대한다면 팔로우십을 적극적으

로 표출할 수 있다.

일을 하다 보면 직원들과 마찰이 생기거나 실수를 발각하기 마련이다. 그 과정에서 상대방을 무조건 비난하고 원망하기보다는 가게의 운영을 책임지는 수장으로써 상대방의 불찰 역시 나의 부족함으로 인식하고 이를 설명해보자. 그렇다면 오히려 상대는 나를 권위적이고 수동적인 사장이 아니라 수평적이고 배려 깊은 리더로 인식하게 돼 매장에 대한 소속감이 커지고 감사함을 느끼게 될 것이다.

리더는 '읽어주는 사람', 즉 '마음을 읽는 사람'이다

마음을 읽기는 쉽지 않은 일이다. 하지만 성공적인 창업을 위해서는 마음을 읽는 능력이 필요하다. 진정한 리더는 '읽어주는 사람'이기 때문이다. 대표는 전체적으로 볼 줄 아는 눈을 가지고 있어야 한다. 동시에 디테일도 놓쳐서는 안 된다. 직원들의 마음을 읽어주고 어떻게 일하는 것이 가장 편할 것인지 세심하게 알아채야 한다. 고객 역시 마음을 읽어줄 때 구매 욕구가 생긴다. 아무리 솔직하게 물어봐도 절대 솔직하게 대답하는 사람은 없다. 직원은 사장에게 함부로 대할 수 없는 까닭이며, 고객도 맛이 없으면 안 먹으면 되지 굳이 서로 기분 상하게 하고 싶지 않기 때문이다. 그래서 마음을 읽는 기술이 필요하다. 이것은 몸짓, 표정 등 비언어적 제스처에서 나타난다. 뜻밖에 작은 디테일에 대한 감지능력만 기른다면 복잡한 연인의 속은 알 수 없어도 함께 일하는 직원은 물론 고객의 속까지 읽을 수 있다.

너무나 행복하고 기쁜 순간을 가정해보자. 우리는 '기쁘다'는 감정을 비단 말로만 표현하는 것이 아니다. 살짝 반달웃음을 짓고 있는 눈꼬리, 올라간 입꼬리, 상기된 볼과 광대뼈 그리고 동적인 자세를 취하는 팔다리를 통해서도 충분히 기쁨이라는 감정을 표출하고 있다. 이미 우리가 기쁨이라는 감정을 인식한 순간부터 온몸으로 표현되는 셈이다. 굳이 포커페이스를 유지할 필요가 없는 가게에서라면 이러한 감정 표현은 더 쉽게 캐치가 가능하다. 고객 혹은 직원이 지금 어떠한 감정을 인식하고 있는지 궁금하다면 그의 몸짓을 살펴보면 된다.

그런 의미에서 상대방의 마음을 읽는 리더의 자세란 곧 눈치 있는 태도를 말한다. 상대방의 마음 깊은 곳에 담긴 사사로운 감정까지 알아채야 할 이유는 없지만 최소한 가게의 영업에 방해될 요소를 줄이고 고객의 불만을 조기에 잡기 위해서는 적절한 심리전이 필요하다. 이때 필요한 것이 바로 눈치이다. 상대방의 말 혹은 그 이전에 나타나는 몸짓을 바탕으로 어떤 심리 상태를 가졌는지 빠른 눈치로 알아채는 자세가 필요하다.

사려 깊은 리더란 무엇일까? 상대방이 귀에다 대고 진심을 속삭이기 이전에 먼저 다가가 등을 보듬어줄 수 있는 리더가 진정한 리더라고 생각한다. 마음을 읽고 눈치를 가져야 한다. 적어도 자신의 가게에서는 직원들에게는 '내가 바로 궁예이고 초능력자'가 돼주어야 한다. 상대방의 마음에서 아직 입 밖으로 뱉어지지 못한 말을 미리 눈치채고 알아주는 리더가 되자.

올바른 리더가 만드는 매출 증대 효과

최고의 고객은 조직 안에 있다는 말이 있다. 모든 내부 직원은 잠재적인, 가장 위험한 고객이자 최고의 충성도를 가진 고객이기도 하다. 가게에서 함께 일하는 사람들과 잡음이 잦다면 아무리 맛있는 메뉴와 저렴한 가격을 가진 가게라 할지라도 효율적으로 운영하기가 어렵다. 사람을 잘 설득하고 통솔하는 일이야말로 매장 내부 운영을 위해 꼭 갖춰야 하는 재능이다. 당장 터득하기 어렵다면 평소에 '나 대화법'을 사용하면서 차근차근 연습해보도록 하자.

매장 운영에 필요한 최고의 리더는 최고의 팔로워이다. 내 매장에 소속된 사람들을 효율적으로 컨트롤하고 싶다면 그들의 입장에서 무엇이 불만이고 어떤 것을 원하는지에 대한 이해와 관심이 필요하다. 이 모든 사항을 다 충족해주라는 것이 아니며 그들에게 특정한 파워를 위임하라는 것도 아니다. 단지 아래 직원의 입장을 이해해주고 경청해주는 것만으로도 직원들의 소속감을 높이고 만족도를 높일 수 있다는 것이다.

'나 대화법'으로 매장에서 일어나는 모든 일의 책임 주체를 나로 삼아보자. 직원들은 더는 점주를 비난하지 않을 것이다. 또한, 점주는 궂은 말, 험한 말로 직원들을 상처 입히지 않고도 문제에 대한 반성을 이끌어낼 수 있다.

그런데 이 올바른 리더의 모습이 과연 매출 증대와는 어떤 연관이 있을까? 물론 리더십이 곧바로 금전적 가치를 창출하는 것은 아니다. 하지만 고객과의 마찰로 인해 발생하는 콤플레인 처리 비용, 직원과의 마찰로 인한 지출 혹은 새 직원을 뽑아 가르치는 데에 드는 비용, 잠재 고객을 잘 설득하지 못해 추가로 소요되는 고객 유치용 마케팅 비용 등이 모두 지출이다. 사실 훌륭한 리더십을 발휘한다면 충분히 막을 수 있는 요소들이다. 나에게 최종적으로 떨어지는 이익은 이러한 각종 비용을 공제한 금액이다. 그러므로 지출해야 하는 비용을 줄여주는 효과적인 리더십은 매출 증대와 당연히 연관이 있다.

고객 응대 노하우

매장을 운영하는 데 있어서 고객 응대는 핵심적인 파트 중에 하나이다. 고객 응대는 고객 관리의 시작으로 가게에 방문한 사람의 추후 구매까지 결정짓는 행위이기 때문이다. 그렇기에 고객 응대는 더욱 까다롭고 어렵다. 때로는 '손님이 아닌 손놈'이라고 불리는 사람이 있으니 말이다. 고객 응대에도 노하우가 있다면 어떤 것들이 있을까? 포괄적인 개념에서 두 가지를 말해보겠다.

말 한마디 없는 메뉴도 사게 한다

첫 번째 고객 응대 노하우는 '친절 마인드'이다. 친절은 업종을 막론하고 자신의 가게나 기업을 방문한 손님을 대하는 가장 기초적인 마인드이다. 욕쟁이 할머니 콘셉트가 아니고서야 친절한 마인드는 필수이다. 친절한 고객 응대가 중요한 이유는 말하지 않아도 이미 모두 다 알고 있을 것이다. 예를 들어, 어떠한 피자 가게에 방문해서 피자를 주문하는 상황을 떠올려 봤을 때, 대부분의 사람은 이왕이면 친절하고 상냥한 종업원이 있는 가게를 더 선호한다. 친절은 영업과 판매에서 반드시 필요한 미덕이다. 가끔은 자존심이 상하는 경우도 있지만 좋은 말로 손님을 잘 설득하는 일이라고 생각하면 좀 더 마음이 편해진다. 한마디로 판매의 연장선으로 생각하라는 것이다. 친절한 응대는 손님의 호감을 얻고 지갑을 열게 한다. 피자 한 판을 사러온 손님에게 피자 두 판을 팔게 하는 힘은 때로는 피자의 맛이 아닌 응대 태도에 달려있다.

하지만 장사를 하다 보면 별의별 손님이 다 있다. 친절이 아무리 기본 마인드라 할지라도 가끔은 도가 지나친 사람이 오기 마련이다. 사이드 메뉴 하나하나에 시비를 걸거나 터무니없는 트집으로 훼방을 놓는 손님이 있으면 어떻게 응대해야 할까?

손님이 무리한 요구를 하거나 진상을 피운다면 손님의 입장을 한번 생각해보자. 고객 응대는 말 그대로 '고객'을 응대하는 것이다. 손님은 누구나 대우받고 싶어 하기 마련이다. 자신이 돈을 쓰겠다고 마음먹은 순간부터 자신을 '갑'으로 생각하기 때문이다. 계산대에서 '여기 가게 사장 당장 나오라 해!'라고 소리치는 사람의 마인드는 무엇일까? 바로 자신이 이 가게에서 가진 위치가 사장과 대등하다고 생각하는 것이다. 자신이 높은 우위를 선점하고 있기 때문에 그에 합당하는 대접을 받길 원한다.

고객 응대(Customer Service, CS)의 기본은 경청이다

어떠한 상황에서 흥분하거나 생떼를 피우는 손님을 이성적으로 타이르는 것은 일단 첫 번째 순서가 아니다. 그 손님이 노여운 마음을 먹지 않게끔 자신의 가족이나 친구를 대하는 마음가짐으로 충분히 배려해야 한다. 무엇을 원하는지, 왜 불만이 있는지를 먼저 경청하는 자세를 갖는 것이다. 뜻밖에 손님들의 대부분은 자신의 말을 들어주는 것만으로 화가 풀리기 마련이다. 자신의 말과 행동을 알아주고 이해한다는 입장을 일단 취해주자.

감정노동이 가장 심한 직군 중의 하나인 콜센터 직원들은 하루에도 수십 명의 진상 고객을 대해야 한다. Customer service의 약어인 CS를 대표하는 그들은 사람들을 어떻게 대할까? 우리가 콜센터에 불만을 표출하기 위해 전화를 걸어보면 알 수 있듯 먼저 우리의 말을 들어준다.

네 그러셨군요. 고객님, 너무 속상하셨겠습니다. 죄송합니다.

 CS 직원이 일일이 우리의 불만에 정말 죄송함을 갖는 것일까? 물론 아니다. 일면식도 없는 고객의 불만에 진심 어린 미안함이 있거나 자신들이 정말 잘못해서 사과하는 게 아니다. 고객을 일단 진정시키고 논리적인 프로세스로 설득하기 위해서 일단 낮은 자세를 취하는 과정이다. 그러므로 친절한 고객 응대에서 가장 1순위는 경청이다. 주문하려는 메뉴를 말하는 순간부터 불만을 토로하는 과정까지 일단은 무슨 말을 하고자 하는지 듣자. 가게에 방문한 귀한 사람이라는 마음으로 말 한마디를 귀 기울여 듣는다는 자세를 확실히 보여줘야 한다.

 그럼에도 불구하고 거듭하여 논리와 이치에 맞지 않는 행동을 보인다면 그때에는 기계적으로 대우해야 한다. 마땅히 점주로서 고객을 응대하는 자세에 필요 이상으로 인격적인 모독을 하거나 지나치게 무리한 요구를 한다면 이를 일일이 받아주는 것은 추후 가게의 이미지를 오히려 망칠 수 있다. 고객에게 제공 가능한 것과 불가능한 것을 분류한 뒤 이를 충분히 설명하자. 잘못한 게 있다면 당연히 사과하자. 그런데도 무리하게 나오는 고객에게는 매뉴얼대로 응대하고 더는 매장에 있는 다른 손님들, 직원들 그리고 자신에게 상처가 생기지 않게 해야 한다.

 고객을 응대하는 데 있어서 가장 첫 번째로 알아본 '친절'은 기본 중의 기본이다. 고객은 자신이 구매력을 가졌다는 일을 인지하는 순간부터 자신을 갑이라고 생각하기 때문에 이에 합당한 태도로 대우해주는 것이 판매의 성공을 좌우한다. 고객이 원하는 점이나 불만에 대해서 주의 깊게 경청해주는 자세를 취해주자. 하지만 융통성이 통하지 않는 지나친 경우에는 매뉴얼대로 대하는 것이 오히려 내 자신의 정신건강에 좋다. 가게를 운영하면서 상처받지 않고 많이 판매하기 위해서는 친절한 태도와 기계적 태도를 적재적소에 잘 활용해야 한다.

꼼꼼 마인드가 있어야 한다

'꼼꼼 마인드'란 내가 종사하고 있는 가게에 대한 사항들을 자세하고 디테일하게 숙지하고 있는 자세이다. 고객이 방문하여 어떤 것을 물어보든 자신 있게 대답해줄 수 있어야 한다. '잘 모릅니다'는 고객이 가장 싫어하는 답변 중의 하나이다. 자신의 가게이고 자신이 파는 상품인데 모르는 점이 있어서는 안 된다. 고객에게 신뢰를 심어주고 구매 행위를 이끌어 내기 위해서는 음식에 관한 폭넓은 이해가 필요하다. 애정을 갖고 사업에 임한다면 이러한 숙지는 자연스럽게 뒷받침되기 마련이지만 만약 자신이 부족하다고 판단된다면 노력해야만 한다. 뜻밖에 잘 지켜지지 않는 부분이기도 하지만, 고객을 응대하기 위해서는 매장과 메뉴에 대해 꼼꼼하면서도 충분히 숙지해야 한다. 적을 알고 나를 아는 과정은 지피지기 백전백승이라 하였다. 친절 마인드가 내부의 적, 손님을 알아주는 과정이었다면 우리 가게가 판매하는 음식에 관한 숙지는 나를 아는 과정이다. 한마디로 고객의 문의에 응대할 수 있는 기술과 지식을 가지는 것이다.

원산지는 어디에요? 뭐가 제일 맛있어요? 왜 더 비싸요? 냉동 아니에요?

예전에는 '싼 게 비지떡'이라는 마인드가 통했지만, 지금은 아무리 저렴한 음식이라도 그 속에 담긴 성분과 원료를 챙겨보는 시대가 됐다. 그러므로 하나부터 열까지 세심하게 챙기지 않으면 안 된다. 자신이 직접 먹는 피자 한 판을 구매하기 전에 디테일한 내용을 알고자 하는 소비자들이 많다. 원산지부터 요리 방법, 메뉴에 대한 정보나 가격 구성 요소까지 온갖 내용을 다 물어본다. 누군가는 그냥 메뉴를 말하고 가격을 지불하는 과정으로 구매를 끝내겠지만, 누군가는 자신이 궁금하게 생각하는 모든 과정을 속 시원히 해결해야만 지갑을 여는 셈이다.

점주의 꼼꼼함 = 가게에 대한 신뢰감 = 단골의 여부

하지만 이 과정은 역으로 생각해본다면 고객의 입장에서 정말 중요한 과정이다. 가격이야 어찌 됐든 내가 직접 먹을 음식을 사는 것인데 누가 저질스러운 걸 먹고 싶어 하겠는가? 고객의 입장에서는 우리 가게와 음식을 공격하기 위해서가 아니라 정말 '궁금해서' 물어보는 경우가 많다. 만약 이때 대답을 제대로 못하거나 누가 봐도 거짓을 꾸며 말한다면 신뢰감을 급감시키는 원인이 된다. 반대로 세심하게 잘 대우해서 고객의 궁금증을 시원하게 긁어준다면 고객은 우리 가게와 음식에 대해서 신뢰할 수있게 된다.

뭔지 알아야 사 먹죠.

추석이나 설과 같은 명절, 제품을 판매하기 위해 단기직으로 고용된 아르바이트생들은 3~5시간 많게는 양일에 걸쳐 제품 교육을 받는다. 전략적으로 판매하기 위해서 자신이 담당하게 되는 상품의 장점과 경쟁 상품의 장점, 주력 설명과 언급하지 말아야 할 점, 세일링 전략(10+1, 사은품, 할인) 등을 숙지시키는 것이다. 고객에게 이 제품에 대해서 꼼꼼하게 설명하는 것은 왜 고객이 이걸 사야 하는지 호소하는 과정이다. 고객의 입장에서 처음 보는 상품 혹은 음식이 '뭔지도 모르는 낯선 대상'에서 '사고 싶은 제품'으로 바꾸게 하려면 어떠한 장점과 특징을 가졌는지 정도는 반드시 알아야 한다.

마케팅 요령

요즘 외식업은 마케팅 전쟁이라고 불릴 만큼 치열하다. 워낙 빡빡하게 업체가 들어서 있다 보니 단순히 입지 좋은 곳에 저렴한 음식을 만드는 일이 전부가 아니게 됐다. 그러므로 마케팅은 가게의 장기적인 운영을 가능하게 하는 요소이자 수익 창출에 중요한 도구이다. 가게의 매출을 증진하기 위해서는 효율적, 효과적 마케팅을 고안해야 한다. 그 과정에는 최신 마케팅 흐름의 기법을 읽는 자세도 필요하다. 이번 장에서는 어떻게 마케팅을 해야 고객의 선호를 사로잡을 수 있는지 알아보자.

바이럴 마케팅

맛집을 만드는 것은 맛집의 음식이 아니라 SNS이다.
바이럴 마케팅이란 곧 후기 마케팅이다.

과거에는 사람들이 정보를 찾는 수단으로 PC나 모바일보다 신문, 책, TV 등을 활용하였다. 그래서 지면 광고나 옥외 광고, 영상 매체 광고가 주류였지만 스마트폰의 보급으로 인해서 시대의 흐름이 확실히 바뀌었다. 이제 사람들은 모든 정보를 모바일에서 찾는다. 1인 전자기기가 지식의 시작과 끝을 책임진다. 그래서 스마트폰, PC, 태블릿으로 열람이 가능한 사이트나 온라인 환경에서 구해지는 정보의 힘이 매우 강해졌다. 바이럴 마케팅은 이러한 흐름의 변화로 인해 대두한 마케팅 기법이다.

마케팅이 마치 바이러스처럼 사람들 사이를 침투하여 스스로 퍼져나간다는 의미에서 바이럴 마케팅은 사람들의 자발적인 행동을 유도한다. 가게에 대한 후기나 정보를 점주가 시키지 않아도 공유하고 업로드하면서 이차적인 가게 홍보를 진행한다. '#맛집'도 이렇게 생겨났다. 영향력 있는 SNS 유저가 맛집이라고 콘텐츠를 게시하면 너도나도 따라가면서 연쇄 후기를 작성하는 셈이다. 글과 사진만으로는 당연히 음식의 맛을 알 수 없는데도 불구하고 콘텐츠가 '맛집'을 만들어가는 과정이다. 그래서 바이럴 마케팅은 매우 중요하다. '맛집'이라고 검색했을 때 포스팅이 전혀 뜨지 않는다면 긴장해야 한다. 그것은 잠재 고객들이 자신의 가게를 전혀 모르고 있으며 앞으로도 모를 것이라는 의미이기 때문이다.

이러한 바이럴 마케팅은 주로 후기, 맛집 리뷰를 포스팅하는 데 쓰인다. 가장 파급력이 좋은 SNS 매체라면 네이버 블로그, 인스타그램, 페이스북 등이 있다. 그 외에 트위터나 카카오스토리도 어느 정도의 파급력은 있는 편이지만 앞서 언급한 매체들에 비해서는 다소 약한 편이다.

요령은 두 가지이다. 먼저 광고대행사에 맡기는 것, 가장 간단하고 손쉽게 해결된다. SNS에서 팔로워를 많이 보유한 유저를 '인플루언서

(influencer)'라고 하는데 광고대행사를 통해 진행하면 이러한 인플루언서 섭외가 쉽다는 장점이 있다. 하지만 추가로 마케팅 비용이 지출되므로 이를 고려해야 한다.

만약 마케팅 비용을 별도로 지출하고 싶지 않다면 직접 블로거나 유저를 섭외해야 한다. 초기에 누가 리뷰를 게시하느냐에 따라 연쇄적으로 업로드 될 후기의 속도가 좌우된다. 팔로워가 10인 사람의 계정에 올라가는 리뷰와 팔로워가 1,000인 사람의 계정에 올라가는 리뷰는 분명 전달력에서 큰 차이가 나기 때문이다. 직접 진행을 한다면 원하는 사람에게 얼마든지 컨택할 수 있지만, 그 성공 여부는 장담할 수 없다. 개인이 협찬을 의뢰할 경우 더 큰 비용을 부르는 SNS 유저도 있고 아예 개인에게는 협찬의뢰를 받지 않는 경우도 있다. 하지만 수고로움을 무릅쓰고 여러 계정을 컨택해보고 싶다면 자발적으로 홍보에 나서보는 것도 나쁘진 않다.

타겟팅 마케팅

예비 소비자를 정조준하자, 확실한 타겟팅으로 정확한 결과를 예측하자.

타겟팅 마케팅을 알아보자. 타겟팅(targeting) 이란 잠재 고객 중에서 우리 가게에 방문해서 실제로 소비를 일궈낼 사람들을 목표화하는 과정이다. 예를 들어, 20대 1인 가구 유입고객을 타겟팅하고 싶다면 그들이 구매할법한 메뉴를 고안해내야 한다. 20대의 지급 능력을 고려할 때 피자 한 판에 2만원이 넘어가면 부담스러워 할 것이다. 반면 사이즈의 경우 1인 가구는 오히려 큰 피자보다 혼자 먹을 수 있는 작은 피자를 선호한다. 토핑의 경우도 20

대의 입맛을 고려하여 너무 심심하지 않되 특색 있는 메인 토핑 위주로 흥미를 이끌어내야 한다. 이러한 점들을 고려하여 피자 메뉴를 새롭게 떠올렸다면 그 과정이 바로 20대 1인 가구를 타겟팅하는 프로세스이다.

타겟팅이 중요한 이유는 가게의 매출에 가시성을 확보하기 위해서이다. 몇 달 전 SNS를 뜨겁게 달군 '불닭볶음면'을 생각해보자. 도가 넘은 매운맛을 가진 이 컵라면에 오히려 젊은이들은 열광했다. 그들은 스트링 치즈나 짜파게티 컵라면을 함께 첨가하여 새로운 편의점 메뉴를 개발하였다. 이 레시피는 SNS를 타고 빠르게 전파됐으며 결과적으로 불닭볶음면의 파격적인 판매량 증대를 이끌었다. 여기서 주목해야 할 점은 불닭볶음면의 주 고객이 SNS를 사용하는 10대에서 30대층이라는 점이다. 이후 업체에서는 이러한 현상을 반영하여 1030세대들의 식성을 반영하여 '까르보불닭볶음, 마라불닭볶음면' 등을 추가 론칭한다. 역시 성공적이었다. 세밀하고 정확한 타겟팅은 제품을 새롭게 선보였을 때 '어느 정도 팔리리라'는 예측을 가능하게 한다. 예비 소비자의 범위를 한정했기 때문이다.

상권 마케팅

우리 동네에 파리바게트 빵집이 3개나 있는 이유는 무엇인가?

상권 마케팅은 말 그대로 해당 가게가 속한 상권에서의 판촉 활동을 말한다. 같은 동네에 똑같은 브랜드의 베이커리와 통신사가 즐비해 있는 광경을 본 적이 있는가? 놀랍게도 이러한 현상은 모두 치열한 상권관리 데이터를 통해 만들어진 현상이다. 한 상권 안에 어느 정도 가게를 만들어야 경쟁사를 제압하고 상권 1위를 선점할 수 있을지, 어느 정도의 간격을 유지할지 구체적인 데이터에 기반을 둬서 대기업은 프랜차이즈와 대리점을 개설한다.

이러한 과정은 한 상권 내에서 잠재 소비자들을 흡수하고 구매력을 장악하기 위해서이다. 물론 빈번하게 자리 잡은 가게의 점주들 입장에서는 썩 기분 좋은 상황은 아니지만, 기업의 입장에서는 그 모든 과정이 치열한 경쟁에서 승리하고 총 매출을 증진하기 위한 전략인 셈이다. 즉, 내가 속한 상권에서는 동일 업종 1위가 되어야 한다. '동네에서 가장 맛있는' 가게가 돼야 '이 지역에서 가장 맛있는, 우리나라에서 제일 맛있는' 가게가 될 수 있다. 그러기 위해서는 자신의 가게가 속한 상권의 특징을 잘 이해해야 한다. 주된 연령층이 누구인지, 가족 구성원은 어떻게 되는지, 소비수준과 생활패턴 등은 어떤지, 학생이 많은지 직장인이 많은지, 경쟁사는 어디이고 선호도는 어느 정도인지 모든 상황을 다 알아보아야 한다. 상권 분석은 자신이 판매할 수 있는 환경을 알아보는 것과 다름없다.

마케팅 요령은 거꾸로 생각하면 편하다. 먼저 자신의 가게가 속한 상권을 분석해야 한다. 그리고 해당 상권에서 1위가 되기 위한 전략들을 고안해야 한다. 전략이 나왔다면 타겟팅을 좁혀 판매의 예측률을 높여야 한다. 이 단계에서 업그레이드하여 가게를 더 널리 알리고 싶거나 타겟팅 했을 때 예측되는 매출을 증진시키고 싶다면 바이럴 마케팅으로 가게의 입지를 알리는 것도 좋다. 또한, 바이럴을 통해 광역 규모 홍보도 가능하다. 이렇듯 마케팅 전략은 각 단계가 유기적으로 연관되어 있다. 바이럴/타겟팅/상권 어느 하나 쉽게 여겨서는 안 된다.

배달 속도 관리

유로코피자의 경우 현장 방문인 테이크아웃보다 배달 고객이 더 많다. 이 점은 대부분의 피자 프랜차이즈도 마찬가지일 것이다. 그래서 배달 속도는 고객의 음식 만족도를 결정짓는 매우 중요한 요소이다. 뭐든지 '빨리빨리'를 선호하는 대한민국, 배달이 느리면 아무리 맛있는 음식이라도 좋은 소리를 듣기 힘들다. 반면 배달 속도가 빠르면 맛이 조금 없더라도 식사를 빨리 해결하기 위한 고객들에게 호평을 받기도 한다.

올해 기준으로 유동인구가 많은 강남권과 대학가는 하루에 기록하는 배달량만 해도 평균 30~50만 건에 이른다고 한다. 여기에 월드컵 같은 특정 이슈가 발생하면 배달량은 60만 건 이상으로 치솟기도 한다. 서울 경기지역에만 해도 500명이 넘는 배달 기사들이 활동하고 있다. 배달 애플리케이션을 4차 산업혁명이라고 부르는 이유이다. 물가상승과 맞벌이 기혼가정의 증가, 1인 가구 증가, 다원화된 입맛 등의 원인으로 인해 사람들은 이제 외식보다는 가정에서 간편하게 음식을 배달해서 먹길 원한다. 피자도 마찬가지이다. 특별히 할인 프로모션을 걸거나 가정과 아주 가깝지 않은 이상 대부분은 배달 주문을 한다. 이렇다 보니 예전에는 제품 하나에 대한 판매 전략으로 질 좋은 재료, 최상의 맛, 친절한 응대만 신경 쓰면 됐지만, 이제는 배달까지 고려해야 한다. 제품이 판매돼서 고객에게 전달되는 최종 수단이 '배달'이기 때문이다. 많은 업체에서 친절하고 속도 빠른 라이더를 고용하고자 하는 이유이다. 실제로 라이더들에 대한 임금도 상승하는 추세이다. 임금을 조금 더 내더라도 '신속정확'하게 음식을 배달해야만 재구매를 이끌어낼 수 있다. 이제 더는 신속 배달은 중화 반점만의 멘트가 아니게 됐다.

핵심은 속도이다. 고객에게 제품의 맛 외에 걸림돌이 되는 판매 방해요소가 생기지 않게끔 배달 속도는 될 수 있는 대로 빠른 것이 좋다. 그게 아니라도 고객에게 미리 명시한 시간은 반드시 지켜야 한다. 배달 시간은 음식을 구매하는 고객과의 약속이기 때문이다. 단골을 만들고 싶다면 고객을 너무 기다리게 해서는 안 된다.

콤플레인 응대

어떤 기업이든 '블랙(진상 고객, 위험 고객)'은 존재한다. 개인의 취향을 탈 수밖에 없는 외식업에서는 더욱 그렇다. 하지만 모두가 입맛이 다름에도 불구하고 사람들은 기존에 작성된 리뷰에 크게 의존하기 때문에 누군가가 먼저 맛이 없다고 말하면 사람들은 음식 구매를 꺼린다. 그래서 이를 악용한 블랙들이 많다. 자신들의 콤플레인을 무기 삼아 점주를 협박하거나 보상을 요구하거나 악질적인 사진을 업로드하는 사례가 끊이질 않고 있다. 그로 인해 국내 대표 배달 앱인 배달의 민족에서는 머신러닝을 통해서 일차적으로 리뷰를 걸러 내거나 악질 고객을 필터링할 정도이다.

콤플레인은 매장 운영에서 가장 골칫거리이다. 피하고 싶지만 언젠가 한 번쯤은 불시에 찾아오는 고객의 불만을 잘만 이겨내면 전화위복으로 매출 상승의 기폭제가 되지만 잘못 응대할 경우 매출 급감의 도화선이 되기도 한다. 콤플레인은 때에 따라서 가게의 매상에 큰 타격을 미친다. 한마디로 '위험' 요소이다.

하지만 위험은 곧 기회라 했다. 콤플레인 고객일수록 사실에 근거하되 감성케어적 응대를 하면 오히려 가게 이미지에 매우 긍정적인 영향을 준다.

[리 뷰]

피자가 너무 딱딱해요! 도우에 뭘 쓴 거지요? 맛도 없고 실망이네요!

[응대A]

저는 피자 맛에 자신이 있는데 고객님 입맛이 이상하신 거 아닌가요? 이런 리뷰를 올릴 거면 앞으로는 작성하지 마십시오. 저도 화가 납니다.

[응대B]

죄송합니다 고객님, 금일 저희 피자를 찾아준 고객이 많아 도우에 신경을 제대로 못 썼나 봅니다. 항상 건강을 생각하여 인공 조미료를 절제하고 있기에 심심한 맛이 날 수도 있으나 가격에 대비하여 언제나 그 이상의 품질을 제공하고자 노력하고 있습니다. 다음 주문에는 꼭 도우에 신경 쓰겠습니다.

눈으로만 보아도 답은 간단하다. 고객이 원하는 응대는 B이다. 콤플레인을 응대하기 위해서 이미 고객이 구매하고 없는 음식의 품질에 대해서 잘잘못을 따지는 것은 의미가 없다. 앞서 언급한 '고객 응대 노하우'를 잊지 말자. 콤플레인에서도 중요한 요소는 역시 경청이다. 오히려 공개적인 곳에 고객이 콤플레인을 게시했다면 이에 응대하는 우리 가게의 친절함과 진정성을 다른 열람자들에게도 보여줄 수 있다.

고객들은 바보가 아니다. 진심으로 잘못을 인정하고 고객의 노여움을 풀어주고자 하는 자세를 취한다면 오히려 그 서비스에 감동하여 재구매로 이어지기도 한다. 콤플레인을 고객 응대처럼 친절과 진심으로 대하는 것이 중요하다. 다만 과한 보상이나 무리한 요구를 덧붙이거나 고의가 다분한 블랙이라면 역시 앞서 내용에서 언급하였듯 매뉴얼대로 응대하는 것이 최선이다. 명심하자, 콤플레인 응대는 고객의 불만을 최대한 경청하고 풀어주려는 진정성을 보여주는 과정이지 요구를 무작정 수용하는 과정이 아니다.

콤플레인 응대는 고객 응대의 연장선이다. 그러므로 친절과 경청이라는 기본 신조는 같다. 특히 콤플레인의 경우, 분명 매출에 타격을 줄 수 있는 위기 상황이지만 현명하고 자상하게 넘긴다면 잠재 단골을 만들 기회임을 잊지 말자.

04

외식 창업 첫 3개월의 중요성

홍보 / 광고

초기 3개월의 홍보는 가게의 입지를 다져놓기 위해 매우 중요하다. 앞으로 매출 수준을 좌우하고 가게의 입소문을 만들어내는 골든타임이기 때문이다. 그래서 초기 홍보 비용을 넉넉하게 책정해놓고 공격적으로 전략을 펼치는 것을 추천한다. 치열한 레드오션 외식 사업, 첫 3개월의 홍보 및 광고가 향후 가게의 생존을 결정짓는다. 사람들은 뭐든지 낡은 것보다 새로운 것에 흥미를 느낀다. 가게도 마찬가지다. 갓 개업한 신규 가게가 소위 말하는 '오픈빨'을 받는 기간은 통상적으로 3개월이다. 이 시기에는 사람들이 음식의 메뉴와 가격에 대해 합리성을 구체적으로 따지지 않는다. 그래서 3개월 동안에 얼마나 홍보하느냐가 향후를 결정짓는 데 매우 중요하다.

이때 바이럴 마케팅을 시도해보자. 신규 점포에 대한 입소문은 자연스럽게 생겨나기가 어렵다. 바이럴 마케팅은 가게 운영이 안정적인 범주에

속했을 때 매출 증진을 위해서도 쉽지만 초기 단계에 후기와 리뷰를 다져 놓기에도 좋다. 미리 입소문을 만들어놓고 장사를 시작하는 것이다. 바이럴이 탄력을 받도록 배달 애플리케이션 역시 적극적으로 활용하자. 리뷰를 작성하면 음료를 무료로 제공하는 등의 리뷰 이벤트는 이제 심심찮게 볼 수 있다. 그만큼 리뷰 한 건 한 건이 쌓여서 입지와 평판에 지대한 영향을 주기 때문이다.

배달 애플리케이션으로 온라인(모바일) 환경에 관한 마케팅을 진행하고 있다면 오프라인으로는 전단지 광고 등을 활용해보자. 광고와 홍보로 3개월 초석을 잘 닦아 놓으면 대기업도 이길 수 있는 '동네 맛집'으로 성장이 가능하다.

월 매출 기준치

그렇다면 월 매출 기준치는 얼마로 잡아야 할까? 첫 3개월이 가게의 성공에 필수적인 골든타임이란 건 이해했지만, 그 골든타임을 평가하기 위한 척도가 의문이다.

예를 들어, 유로코피자는 월 매출 3,000만 원 정도를 첫 3개월 목표로 잡아놓는다. 이 수치를 기준으로 인력을 세팅하고 오픈을 준비한다. 첫 달은 매장 운영 노하우를 교육하고 두 번째 달부터는 과감하게 광고에 투자하여 이미지를 만든다. 목표인 3,000만 원을 달성하기 위해서이다. 이 구체적인 금액에 도달하는 매장도 있고 그렇지 못한 매장도 있다. 전자이면 더 좋겠지만, 후자라고 해서 실망할 필요는 없다. 실패한 목표 도달액은 향후 매장 운영에 좀 더 디테일한 데이터가 되기 때문이다.

첫 3개월 동안의 동기부여를 위해서 목표 월 매출 기준치는 구체적으로 정해놓는 것이 좋다.

04 [비밀 노하우 공개] 실패하지 않는 외식 창업 비법

1 초기 비용은 최소 오천만 원에서 시작하라!

첫 창업의 순간은 생각만 해도 설렌다. 혹은 두렵다는 사람도 있다. 보통은 기대 반, 두려움 반으로 시작한다. 그렇다 보니 처음부터 과하게 투자하거나, 혹은 매우 소극적으로 접근하는 경우가 있다. 하지만 적정선을 모르면 두 경우 모두 실패하기 쉽다. 창업 자금은 결과를 고려하여 투자하는 것이 기초적인 상식이다. 과하지 않되 넉넉하게 자금을 준비하라.

2 어떤 요리든 프라이팬을 천 번은 만져라!

요리에 '요'도 모르고 외식업 창업을 한다면 그것은 용기 있는 것이 아니라 어리석은 것이다. 실패도 좋은 경험이지만 굳이 실패를 해보겠다고 덤빌 필요는 없다. 학원에 다니든, 아르바이트를 하든 요리는 반드시 경험이 있어야 한다. 어떻게 만들어지는지, 어떤 과정이 필요한지도 모르면서 매장을 운영할 수는 없다. 주방은 정말 위험한 사건 사고가 잦은 곳이다. 반드시 주방에서 오랫동안 요리를 만져보고 갖가지 변수를 한 번씩은 겪어보길 바란다.

3 매장 운영에 필요한 어빌리티는 반드시 숙지하라!

외식업 창업에서 주로 상대해야 할 사람은 두 부류다. 직원과 손님. 이 두 종류의 사람을 어떻게 핸들링하느냐가 곧 매장 운영이라고 할 수 있다. 기억하라. 열정과 성실, 리더십, 고객 응대 매뉴얼, 마케팅, 콤플레인 응대까지 어떤 것 하나도 소홀해서는 안 된다. 어떤 종업원도 어설픈 오너를 원하지 않는다. 어떤 손님도 어설픈 식당에서 내어놓는 음식을 먹고 싶어 하지 않는다. 사람이 곧 돈이다. 프로페셔널하게 대응하라. 갖추어진 만큼 사람이 따르는 법이다.

4 첫 3개월, 승패가 갈라진다!

'오픈빨'이라는 말이 있다. 사실이다. 있다. 그 오픈빨을 잘 활용하면 매출이 끝까지 가기도 한다. 이 시기에는 홍보와 광고에 최대한 주력해야 한다. TV 나 라디오, 온라인 배너 광고뿐만 아니라 많은 비용을 들이지 않고도 홍보할 수 있는 수단이 지금은 얼마든지 있다. 특히 바이럴 마케팅 중 배달 애플리케이션도 훌륭한 홍보 수단이다. 후기와 리뷰 이벤트 등으로 신뢰도를 올리면 더욱 효과가 좋다. 물론, 당연하게도 실력은 기본으로 깔렸다는 전제가 있어야 한다.

BREAK FRANCHIS

프랜차이즈
상식을 깨다

외식업 프랜차이즈 창업 성공 비법

[사업 확장 돌파구]

프랜차이즈화를
위한 준비

외식업에서 가장 기본은 바로 '맛'이다. 음식을 판매하는 업종이기 때문에
고객이 근본적으로 음식의 품질을 판단하는 가장 우선적인 기준은 맛이다.

01

프랜차이즈화의 노하우 : 시스템

　　이번 장에서는 프랜차이즈화를 위해서 어떤 준비를 어떻게 해야 하는지 살펴볼 것이다. 단순히 외식업을 창업하는 일과 프랜차이즈화를 준비하는 일에는 큰 차이가 있기 때문이다. 동네의 작은 가게에서 만족할 것이 아니라 전국에 지점을 둔 프랜차이즈 사업을 기대한다면 따져봐야 할 사항이 많다.

　여기에서는 '시스템'에 대해 논하고자 한다. 시스템과 프랜차이즈는 분리불가의 관계다. 좀 더 풀어서 설명하자면 성공적인 프랜차이즈를 위해서는 반드시 가게 운영에 관한 상당 부분을 시스템화해야 한다. 즉, 체계를 갖추고 과정을 정형화해야 한다는 말이다. 이 부분은 초보 창업가가 고려하기에 다소 어려움이 있다. 그래서 이번 장에서는 어떻게 시스템화를 더 쉽고 빠르게 이룩할 수 있는지 살펴보고자 한다. 각 세부 내용에서 언급한 사항을 하나하나 챙긴다면 그리 어려운 일은 아닐 것이다.

맛은 기본

성공한 외식업 프랜차이즈 브랜드를 떠올려보자. 유로코피자와 같은 피자부터 햄버거, 치킨, 한식, 분식, 야식 등 성공한 각종 브랜드에는 하나의 공통점이 있다. 바로 '맛있다'는 사실이다. 유명 연예인으로 파급력 높은 광고를 진행하고, 저렴한 가격으로 경쟁우위를 선점하고, 각종 이벤트로 신규 손님을 유치하는 일은 모두 중요하지만, 외식업에서 가장 기본은 바로 '맛'이다. 음식을 판매하는 업종이기 때문에 고객이 근본적으로 음식의 품질을 판단하는 가장 우선적인 기준은 맛이다.

기본을 지키는 것이 성공의 시작이다 : Back to basic

초보 창업주들이 유명 프랜차이즈를 따라가기 위한 과정에서 맛을 소홀히 하는 실수를 저지른다. 블로그 후기나 SNS 인증샷 이벤트 등에 열을 올리고 한 푼이라도 음식의 가격을 깎고자 노력하면서 최선이 아닌 차선의 정책을 펼치는 것이다. 하지만 아무리 각종 프로모션과 광고를 진행했다 할지라도 맛없는 음식은 고객의 재구매를 이끌어내기 어렵다.

음식의 기본은 맛이다. 성공하고 싶다면, 손님의 발걸음을 사로잡고 싶다면 다른 어떠한 것보다 맛을 기본으로 두어야 한다. 물론 가게 매출 증대를 위해서는 언급한 사항을 모두 신경 써야 하는 게 사실이다. 하지만 기본적인 바탕없이 곁다리에만 신경을 쓰는 것은 좋은 전략이 아니다. 먼저 음식의 맛부터 확보한 다음에 이후 내용을 고민해야 한다.

경험이 곧 재산이다 : '맛'있는 음식을 많이 먹어보자

　과연 어떻게 해야 음식의 맛을 확보할 수 있을까? 맛있는 음식은 어떻게 만들 수 있을까? 우리는 저마다 다른 식성을 가지고 있다. 누군가에게는 달콤한 초콜릿이, 누군가에게는 짭조름한 감자칩이 맛있다고 느껴지는 것처럼 사람들이 '맛있다'고 느끼는 것에는 큰 차이가 존재할 수 있다. 그래서 맛있는 음식을 만들어야 하는 외식업은 어찌 보면 가장 파악하기 어려운 일이기도 있다.

　하지만 여러 식성의 차이를 극복하고 분명 '맛있다'고 보편적으로 통하는 음식은 분명 존재한다. 프랜차이즈가 아니더라도 주위에 성공한 맛집들의 경우를 떠올려보자. 맛있다고 소문난 집이라면 꼭 들러서 음식의 맛을 느껴볼 필요가 있다. 맛있는 식사를 하기 위해서가 아니다. 여러 맛집을 둘러보고 그 맛을 직접 느껴보면서 무엇이 대중적인 '맛있음'인지 파악해야 한다.

　그래서 맛있는 음식을 만들기 위해서는 그만큼 맛있는 음식을 많이 먹어보는 일이 중요하다. 경험을 이기는 재산은 없다. 이전에 언급하였듯 효율적인 외식업 운영을 위해서 추천하는 사항 중 하나가 관련 업계 종사이다. 맛도 먹어본 사람이 아는 법, 직접 내가 창업하고자 하는 메뉴에 대해 많이 먹어보고 겪어보아야 한다. 내가 스스로 맛있다고 느끼는 음식과 사람들이 맛집이라고 인정한 음식에 차이가 존재한다면 반드시 이를 발견해야 한다. 외식업 프랜차이즈에서 기본이 되는 맛이란 '보편적인 맛있음'을 잊지 말자. 이 내용은 뒤에서도 자세히 다룰 예정이다.

'맛'은 어디서 나올까?

여러 맛집의 메뉴들을 직접 체험하고 '맛있음'에 대한 경험치를 쌓았다면 이제 어떻게 그 맛을 낼 수 있을지가 궁금할 것이다. 이 단계가 바로 레시피를 고안하는 단계이다. 자신이 생각하는 이상적인 맛을 실현하기 위해서는 어떻게 해야 할까?

① 맛의 기초는 재료부터

양질의 재료는 좋은 풍미와 맛을 내는 데 가장 기초적인 준비물이다. 아무리 고급스러운 레시피와 방법을 적용한다 할지라도 저급한 재료로 높은 품질의 맛을 이끌어내기 어렵다. 예컨대 피자 한 판을 만드는 데 같은 방법으로 만든다 할지라도 어디서 납품한 도우를 쓰며 얼마나 신선한 토핑 재료를 얹느냐에 따라 디테일한 맛의 차이가 존재한다.

하지만 여기서 염두해야 할 사항이 있다. 기본적으로 맛있는 음식을 만들기 위해 양질의 재료를 사용하는 것은 필수적인 사항이지만 추후에 이것이 프랜차이즈화가 가능한 것인지 따져 봐야 한다. 피자 한 판을 만들어 팔기 위해서 매번 캐비어나 송로버섯을 사용할 수는 없기 때문이다. 내가 생각한 음식의 맛을 만들어낼 수 있되 현실적으로 선택이 가능한 품질의 범주 안에서 재료를 고르자.

② 적절한 방법

가지볶음과 가지무침이 똑같은 가지를 사용했음에도 불구하고 다른 맛을 내는 이유는 다른 요리 방법을 적용했기 때문이다. 이처럼 같은 재료라 할지라도 어떠한 방식으로 요리하느냐에 따라서 음식의 맛은 확연하게 차이가 난다. 좋은 재료를 골랐다면 이제 그 재료를 어떻게 사용해서 맛을 표현할지가 관건이다. 요리에 사용하는 재료의 맛을 가장 잘 끌어올리되 섬세한 차이를 만들어내는 요리 방법, 만약 파악하기가 어렵다면 유튜브나 포털사이트에서 쉽게 찾을 수 있는 각종 레시피를 실제로 따라 해 보면서 차이를 직접 익혀보는 것을 추천한다. 좋은 재료를 고르는 일은 때로는 육안만으로도 판별할 수 있기 때문에 쉽게 끝날 수 있지만, 최상의 요리 방법을 고안해내는 것은 도전해보기 전까지는 알 수 없기 때문이다.

성공한 레시피들을 충분히 숙지하거나 자신 나름대로 변화를 주면서 이상적인 맛을 쫓아가 보자.

③ 평가는 냉정하게

1인 가구가 늘면서 혼자서 직접 식사를 요리해 먹는 경우가 늘고 있다. 그래서 웬만한 사람들은 자신이 나름대로 요리를 잘한다고 생각한다. 하지만 앞서 언급하였듯 사업이란 내가 좋아하는 맛보다는 상대방이 좋아하는 맛을 먼저 생각해야 한다. 아무리 좋은 재료를 쓰고 적절한 방법을 적용하여 레시피를 고안했다고 하더라도 막상 완성한 맛이 보편적인 기준과는 멀 가능성이 있다.

그래서 각각의 레시피에 대한 피드백은 냉정하게 이뤄져야 한다. 자신이 미처 알아채지 못한 디테일한 풍미의 차이를 반드시 기록하자. 내 음식을 먹어본 상대방이 나의 입맛과는 전혀 다르게 '짜다 혹은 싱겁다'고 평가하더라도 이를 무시하지 말고 반드시 기록하여 데이터화 해놓는 방향을 추천한다. 여러 종류의 피드백이 모였을 때 공통으로 나온 사안이 있다면 이는 반드시 개선해야 한다. 그게 설령 나의 입맛과는 맞지 않는 방향일지라도 말이다. 다수가 인정하는 '맛있음'에 다가가는 트레이닝이라 생각하고 각종 평가를 겸허히 받아들여 반영할 줄 알아야 한다.

프랜차이즈 성공 노하우에서 가장 중요한 바탕은 '맛'이다. 이번 파트에서는 잘 팔리는 음식의 필수 요소인 '맛있음'을 이뤄내는 과정에 대해서 알아보았다. 자신이 만들고자 하는 메뉴들을 될 수 있는 대로 많이 먹어보자. 잘 팔리는 집의 메뉴는 무슨 맛이 나는지 혹은 안 팔리는 메뉴들은 어떤 맛 때문인지 그 세부적인 맛을 직접 느껴보고 차이를 발견할 줄 알아야 한다.

경험의 축적으로 '맛'에 대한 혜안이 생겼다면 이제 직접 '맛있음'을 창조해보자. 양질의 재료와 적절한 요리 레시피를 바탕으로 나만의 메뉴를 고안해낼 수 있다. 하지만 내 입맛에 맛있는 메뉴가 목적이 아닌 만큼 많은 사람의 평가를 사전에 꼭 거쳐봐야 한다. 비록 수긍하기 어려운 피드백이라고 하더라도 이 데이터들을 축적하여 특정한 결과를 산출해보자. 공통적인 평가를 적극적으로 반영한다면 대중적인 '맛있음'에 한 발짝 가까이 다가갈 수 있을 것이다. 그렇게 하면 외식업에서 가장 기본인 '맛있는 음식'을 만들 수 있을 것이다.

시스템화가 가능하게 하려면

이제 본격적으로 프랜차이즈의 핵심인 '시스템화'에 대해 알아보자. 외식 사업이 성공 궤도에 올라가다 보면 자연스럽게 프랜차이즈를 고안하게 된다. 창업주의 수익성을 극대화할 수 있기 때문이다. 아무리 개인 점포 운영에는 성공했다 할지라도 준비되지 않은 가게의 경우라면 추후 프랜차이즈화에 어려움을 겪을 수 있다. 그러므로 창업의 첫 단추를 꿰매는 단계부터 미리 프랜차이즈에 대해 염두에 두도록 하자. 그러기 위해서는 필수적으로 생각해야 하는 사안이 있다. 바로 '시스템화'이다. 앞서도 잠깐 언급한 적이 있지만, 시스템화란 결국 체계화를 말한다. 매장 개점에서부터 마감까지 일정한 스텝들이 잡혀있어야 한다. 반드시 필요한 단계이지만 다소 추상적이고 모호하게 여겨질 수도 있다. 어떡하면 시스템화가 가능할까? 프랜차이즈를 가능하게 해주는 비결, 시스템화에 대해서 3가지 포인트로 설명해보겠다.

구체화 : 모호함은 핸들링할 수 없다! 불확실성을 없애자

시스템화의 가장 기본적인 사안은 바로 구체화이다. 구체화란 모호하고 애매한 사항들에 디테일을 첨가하여 특정한 형태를 만들어나가는 과정이다. 외식 사업이 아닌 어떤 업종이든 모호한 것들은 불확실성을 증가시킨다. 또한, 모호한 사안은 그에 대한 대응 역시 모호할 수밖에 없다. 그러므로 관리하기가 어려워진다. 레시피부터 고객 콤플레인 응대 혹은 영업시간 같은 아주 사소한 내용까지 모호하고 추상적으로 잡아놓으면 추후에 통제하는 데 애를 먹게 된다. 이는 프랜차이즈의 적이다. 프랜차이즈는 언제나 통제가 가능한 상황에서 운영되어야 한다.

가게를 운영하는 데 있어서 필요한 점들을 쭉 나열해보자. 메뉴는 무엇이며 어떻게 만들고 재료는 어디서 수급해올 것인지, 가격에 대한 구성은 어떤 방식으로 하며 순수익은 어느 정도 예상하는지 더 나아가 직원 채용에 대한 규모나 고객 응대는 어떤 매뉴얼을 바탕으로 하는지 말이다. 이러한 사항들에 세부적인 디테일을 가미하여 누가 봐도 이해가 가능하도록 만들자. 프랜차이즈는 비록 창업주가 존재하긴 하지만 결국 남에게 나의 가게를 맡기는 것과 같다. 그러므로 다른 사람이 나의 가게를 운영할 때도 같은 방식으로 운영할 수 있도록 해야 한다. 그래서 구체화는 프랜차이즈의 시스템을 만들기 위해서 필수적으로 고려해야 하는 요소이다.

계량화 : 수치로 표현 가능한 구체화

계량화는 구체화의 한 과정이기도 하지만 독립적으로 생각해야 할 만큼 중요한 사안이라 두 번째 포인트로 잡아놓았다. 외식 사업을 하다 보면 숫자로 표현할 수 있는 구체화가 있고 그럴 수 없는 구체화가 있다. 레시피에 첨가되는 식자재의 중량이나 비율 등은 숫자로 표현할 수 있지만, 고객을 응대하는 매뉴얼은 숫자로 표현할 수 없다. 이러한 점을 분리하여 고려한다면 후자는 일반적은 구체화로, 전자는 계량화로 인식하면 된다. 계량이란 '수량을 헤아리거나 부피, 무게 따위를 재는 일'을 의미한다. 그러므로 숫자로 표현이 가능한 일에는 대부분 계량화를 적용할 수 있다. 계량화가 중요한 이유는 구체화의 장점처럼 모호함을 없앨 수 있다는 것도 있지만, 메뉴의 레시피를 꾸준히 사용할 수 있게 해준다는 것이다. 지역에 위치한 작은 맛집의 수준에만 만족하려면 계량화는 무시해도 좋다. 그러나 전국 단위의 프랜차이즈를 운영하고 싶다면, 더 많은 수익을 원한다면 구체적인 수치를 바탕으로 한 계량화가 필수이다.

분업화 : 분업 = 가게 운영의 가시성 확보 + 효율성 증대

분업이란 가게의 운영에 가시성(visibility)을 더해주는 장점이 있다. 가게에 점주인 나와 아르바이트생 두 명이 근무하는 상황을 떠올려보자. 분업화가 이뤄진 가게라면 딱히 아르바이트생에게 어떠한 지시를 내리지 않더라도 그들이 무슨 일을 하는지 예측할 수 있다. 주문이 들어올 경우 누가 이를 받고 응대할 것이며 서빙이나 포장은 누가 하는지 말이다.

하지만 분업이 이뤄지지 않았다면 일일이 업무 지시를 내려야 하며 만약 내가 부재중인 경우에는 누가 어떤 일을 하고 있는지 알 수 없다. 가시성을 확보한다는 말의 의미는 마치 눈으로 가게의 운영을 확인하는 것처럼 언제나 식별이 가능한 상태로 유지하는 일을 말한다. 내 시야에 가게의 전체 모습을 담는 듯이 말이다. 가시성을 확보하기 위해서 필수적인 것이 바로 분업화이다. 분업으로 운영의 프로세스를 나눠놓으면 업무의 진행 속도나 상황에 대해 인지하기가 쉬워진다. 당연히 효율성도 증대될 수밖에 없다.

이처럼 프랜차이즈의 시스템을 가능하게 하려면 첫 번째로 구체성을 확보해야 한다. 불확실한 사항을 줄이는 것이 곧 가게의 리스크를 줄이는 일이기 때문이다. 두번째로 계량화를 도입해야 한다. 구체적인 숫자와 수치로 레시피를 표현해야 나중에 내가 아닌 다른 사람들이 점포를 개설하더라도 같은 메뉴를 만들 수 있다. 마지막으로 분업화이다. 분업을 통해서 운영의 가시성을 증대시키고 효율성을 도모할 수 있다.

매장 시스템의 기본

프랜차이즈가 맛집이 될 수 없는 이유

　매장 시스템에 대한 기본을 따지기 전에 우리는 프랜차이즈의 특징에 대해서 떠올려봐야 할 필요가 있다. 혹자들은 프랜차이즈는 맛집이 될 수 없다고 말한다. 이 말에는 아주 중요한 프랜차이즈만의 특성이 녹아있다. 바로 어딜 가나 맛이 같다는 점이다. 같은 브랜드의 프랜차이즈는 서울역점이나 부산역점이나 맛이 같아야 한다. 맛이 확연하게 차이가 나는 순간 그것은 프랜차이즈가 아닌 개별적인 가게이다. 유로코피자의 경우에도 전국의 모든 지점이 같은 메뉴에 대해 같은 맛을 내야 한다고 말한다. 그런 의미에서 프랜차이즈는 맛집이 되지 못할 수도 있다. 어느 점포를 가나 동일 혹은 유사한 맛을 기대할 수 있으며 이미 알고 있는 맛이기 때문이다. 하지만 그렇기에 프랜차이즈로써 존속할 수 있다. 그리고 이러한 상황을 가능하게 하는 것이 바로 프랜차이즈만의 시스템이다.

동일 메뉴 동일 풍미

　프랜차이즈 시스템의 기본이라면 역시 메뉴에 대한 원칙을 지키는 것이다. 즉, 판매하는 메뉴를 장소와 시간에 상관없이 지켜내는 일이다. 같은 피자 메뉴에 대해서 고객이 서울에서 먹든 경기도에서 먹든 같은 기맛값과 결과를 가져야 한다. 이는 철저히 계량화된 레시피와 운영 프로세스, 같은 품질의 식자재 수급을 통해서 지킬 수 있다. 외식 프랜차이즈의 동일 메뉴, 동일 풍미를 일궈내는 것은 바로 시스템이다.

내가 하루 쉬어도 매상은 똑같네?

점주의 부재에 영향을 받지 않는 가게 운영을 해야 한다. 즉, 내가 가게에 있건 없건 같은 페이스와 컨디션으로 장사를 할 수 있어야 한다. 철저하게 분업화된 운영과 구체적인 응대 등을 통해서 직원들은 점주가 없어도 가게의 전반적인 상황을 관리할 수 있다. 그래서 시스템의 또 다른 기본은 점주가 있건 없건, 어떤 점주가 가게를 맡든 운영에 차질을 빚지 않게 하는 것이다.

02

'나만의, 특별한' 방법은 프랜차이즈의 적

프랜차이즈는 대중성이 생명이다. 이번 장에서는 왜 프랜차이즈가 개성보다는 대중성을 선택해야 하는지 알아보고자 한다. 특별함, 고유함, 유니크함 등의 가치는 얼핏 보면 맛집과 부합하는 기준인 듯하나 장기적으로 보았을 때 프랜차이즈화하기 매우 어려울뿐더러 유익하지도 않다. 대체 왜 그럴까? 프랜차이즈가 일반적, 대중적, 통상적인 맛과 방법을 추구해야 하는 이유를 알아보자.

세상은 빠르게 변화 중

가장 단적인 이유는 역시 유행의 속도이다. 길거리 벤치에 앉아 사람들의 옷차림새를 지켜본 적이 있는가? 해가 바뀔 때마다 시시각각 달라지는 사람들의 패션은 유행의 속도를 반증한다. 한 시즌 전의 옷이 어느새 구식이

될 정도로 대중사회의 유행은 매우 빠르게 바뀐다. 이는 비단 의류 산업의 얘기만은 아니다. 외식업과 같은 창업의 영역에서도 마찬가지로 적용되는 사안이다.

유행에 적합한 맛이 있다면 반대로 촌스러운 맛도 존재한다

　외식업계의 유행 역시 굉장히 빠르게 바뀌고 있다. 2012년도 초반에는 '샐러드 파스타'라고 하여서 토마토나 크림을 메인으로 한 기존의 따뜻한 파스타 대신 야채와 발사믹 소스로 맛을 낸 차가운 파스타가 유행했다. 커다란 스테인리스 그릇에 형형색색의 야채들과 함께 상큼하고 짭조름한 맛으로 비벼 먹던 이 파스타는 당시 우후죽순처럼 양식당의 메뉴에 추가됐다. 페이스북과 인스타그램에 불티나게 업로드되며 인기가 상당했다. 심지어는 주력 메뉴를 샐러드 파스타로 변경한 가게도 있었을 정도이다. 하지만 그 인기는 오래가지 못했다. 여름철이 아니고서야 차가운 음식을 먹는 게 익숙하지 않은 한국인들에게 샐러드 파스타는 흥미로운 음식 이상이 되지 못했다. 한번 먹고 말아도 될 음식이 험난한 창업 시장에서 오래 존재할 리 없다. 유행이 지나면서 새롭고 낯선 샐러드 파스타의 맛도 어느 순간 촌스러운 맛으로 인식되었다.

이처럼 유행은 **빠르게** 변화한다. 또한, 유행은 자극적이고 흥미롭다. 그래서 사람들의 초기 이목을 끌기에는 적합하다. 하지만 반드시 불길이 꺼진다는 단점이 있다. 유행은 새로운 유행으로 대체되기 때문이다. 위에서 단적으로 예를 든 샐러드 파스타 전문 양식집을 창업했다고 가정했을 때 초기 1~2년은 굉장히 장사가 잘 될지도 모른다. 하지만 그 유행이 대체되는 순간 가게의 매력은 급감하게 되고 샐러드 파스타를 대신할 메뉴를 다시 고안해내야 한다. '유행'은 곧 '잠재적인 촌스러움'이다. 유행에 민감한 메뉴를 개발하는 것이 위험한 이유는 조금만 시간이 지나도 '싫증 나는 맛'으로 바뀌기 때문이다.

Hip 대신 Ordinary

그럼에도 불구하고 사람들이 창업을 시작할 때 유행을 버리지 못하는 이유는 무엇일까? 바로 두려움 때문이다. 시시각각 변하는 유행을 빠르게 따르지 못하면 주류에 포함될 수 없다는, 경쟁력을 확보할 수 없다는 두려움 때문에 사람들은 유행에 목을 맨다. 특히나 유행을 선도하는 10대에서 30대들이 주 된 타겟층인 패스트푸드 메뉴라면 더욱 그러하다. 그 나잇대의 사람들이 자주 쓰는 말 중에 '힙(hip)하다'는 말이 있다. 어떠한 것이 매우 쿨하고 멋지다는 의미로 소위 옷을 잘 입거나 행동이 서양식인 사람들을 자랑스러워할 때 쓰는 말이다.

음식에도 힙한 메뉴가 존재한다. 앞서 예를 들었던 샐러드 파스타는 2012년 당시에 매우 힙한 메뉴였을지도 모른다. 그래서 젊은이들은 이 힙한 메뉴에 대한 정보와 리뷰를 공유하고 퍼 나를 것이다. 이러한 상황을 바라보고 있는 창업 점주의 마인드로써는 따라가지 못하면 애가 탈 수밖에 없다. 하지만 반드시 명심해야 한다. 외식 사업에서 '오디너리'(ordinary), 즉 평범하고 일상적인, 대중적인 메뉴가 가진 경쟁력은 힙한 메뉴보다 더욱 우월함을 말이다.

오디너리한 메뉴의 강점은 바로 호감의 지속성에 있다. 우리의 기호가 적극적으로 반영된 김치찌개나 된장찌개를 떠올려보자. 언제 먹어도 맛있다. 물론 매일 먹으면 질리겠지만, 한동안 먹지 않고 있으면 어느 순간 문득 생각나는 시점이 있다. 대중적인 음식은 도전의 영역이 아니다. 쉽고 간편하게, 마음의 부담 없이 주문할 수 있는 친근함의 영역에 있다. 그래서 오늘이든 내일이든 생각날 때마다 먹는 매력이 있다.

맛을 인지하는 과정에서 개인적인 호불호는 당연히 세세하게 차이가 날 수 있지만, 일반적으로 대중이 선호하는 음식에는 공통점이 있다. 그 공통점은 진입 장벽이 낮고 접근하기가 쉬우며 고가가 아니어야 하고, 남녀노소 누구에게나 평균 정도 혹은 평균 이상의 만족도를 이끌어 내야 하는 것이다. 이것은 특정한 대상과 시즌에만 먹히는 유행으로는 재현해내기 어려운 요소이다. 특히나 프랜차이즈는 한 곳에만 점포를 내는 것이 아니라 수요가 있으면 전국 여기저기에 점포를 개설할 수 있다. 유행을 타는 혹은 유니크한 음식이 전국 여기저기에 널려있다고 가정을 해보라. 이미 점포를 많이 개설한 그 자체만으로도 개성의 매력은 반감된다. 이러한 사안들로 인해서 프랜차이즈는 대중적인 맛을 고려해야 할 필요가 있다.

그렇다면 대중적인 메뉴 혹은 대중적이되 시대의 흐름까지 고안하여 장기적으로 살아남을 메뉴는 어떻게 만들 수 있을까? '나만의, 특별한' 방법을 지양하여 대중성을 채택하되 사람들이 현시점에서도 매력을 느낄만한 메뉴를 원한다면 다음 두 가지 사안을 미리 파악해보자.

① SNS 체크

SNS를 이용하는 것은 바이럴 마케팅을 위해서만이 아니다. 창업의 아이템을 생각할 때도 SNS는 중요한 정보의 매체가 된다. 주로 젊은 층을 중심으로 하여 유행에 민감한 유저들이 자신들의 기호화 식성을 무료로 전시하는 공간이기 때문이다. 인스타그램, 페이스북, 트위터를 잘 체크하면 시시각각 변하는 대중들의 입맛을 체크할 수 있다. 여기에서 우리는 현재 어떤 음식들이 유행을 타고 있는지 파악할 수 있다. 그리고 이 메뉴들은 될 수 있는 한 지양하길 추천한다. 물론 지금 시점에서는 따라 하고 싶은 마음이 굴뚝같겠지만, 장기적인 관점에서 현재 유행의 거품을 끼고 있는 메뉴들을 걸러내야 한다. 대중성을 기초로 하지 않은, 지나치게 특별하고, 개성 넘치는 메뉴들은 역으로 경계하라.

다만 대중이 선호하는 맛은 항시 점검해야 한다. 까르보나라 파스타가 한국에서 본격적으로 퍼져나가기 시작했을 때 덩달아 인기를 끈 음식의 재료 중 하나가 바로 '치즈'이다. 느끼하고 고소한 맛에 대한 선호가 시작된 것이다. 항상 짠맛 위주로 식사했던 한국인들에게 크림과 치즈의 느끼하면서도 되직한 맛은 새로운 충격이었고 이는 여러 가지 파생요리를 낳았다. 치즈 쪽 갈비처럼 말이다. 하지만 그 메뉴 중에 상당수는 현재 인기 품목이 아니다. 이를 바탕으로 우리는 데이터를 선별하여 추출할 수 있어야 한다. 유행을 타는 메뉴는 오히려 경계하되 여러 유행 메뉴에 공통으로 적용된 식자재와 맛은 잡아야 한다.

② 사회적 풍토 체크

갈수록 팍팍해지는 우리 사회, 소득의 양극화와 저임금, 낮은 취업률, 오랜 근무시간 등으로 인해서 사람들의 스트레스는 극에 달한다. 이것은 우리의 음식문화에도 고스란히 반영된다. 바로 '매운맛' 중독이다. 많은 사람이 식사를 통해 하루의 스트레스를 푼다. 그때 생각을 비우고 하루의 고된 일을 잊게 해주는 맛이 매운맛이다. 매운맛은 통각을 자극하기 때문에 고통을 느끼게 함과 동시에 아드레날린을 분비하고 체온을 올리며 땀을 배출시킨다. 이 과정을 통해서 우리는 식사 후에 약간의 개운함을 느낀다. 그래서 스트레스를 받거나 힘든 날에는 무의식적으로 매운 음식을 찾게 된다. 캡사이신 제품에 대한 수요가 늘고 극에 달하는 '미친 매운맛'의 메뉴를 찾는 사람들이 증가하는 상황에는 이러한 사회 모습이 어느 정도 반영돼 있다.

만약 사회가 호황기이고 사람들의 스트레스가 낮은 수준이라면 매운맛보다는 오히려 부드럽고 자극이 덜한 이국적인 풍미나 달콤한 맛이 주류를 이뤘을지도 모른다. 그러므로 사회의 풍토를 체크하는 것 역시 메뉴의 맛에 대한 방향을 잡고 타겟층을 선정하는 데 도움이 된다. 사회의 모습, 즉 대중의 모습을 파악해야 그들의 식성 역시 따라갈 수 있다.

프랜차이즈를 시작한다면 개성과 독특함은 지양해야 한다. 물론 한두 개의 메뉴쯤은 창업주만의 고유한 스타일이 반영된 것이어도 상관없으나 주된 핵심을 이루는 메뉴들은 반드시 대중성을 갖고 있어야 한다. 그 이유는 빠르게 변화하는 유행을 좇아갔다간 유행이 바뀌는 순간 메뉴 역시 대중의 관심 밖으로 벗어나기 때문이다.

사람들이 편하게, 언제든 찾는 음식은 독특한 맛을 내는 요리가 아니라 친숙하고 편안한 요리이다. 이를 잘 파악하기 위해서는 SNS 매체를 이용하여 유행 메뉴는 경계하되 공통으로 관통하고 있는 맛이나 식자재를 캐치해보자. 또한, 사회의 흐름을 잘 파악하는 일도 중요하다.

슬로푸드, 웰-메이드는 프랜차이즈 하기 어려워

한때 외식업에서 슬로푸드와 웰-메이드 푸드가 트렌드로 떠올랐던 시점이 있었다. 국민 총소득이 증가하고 삶의 질이 상승하면서 한 끼를 먹더라도 좀 더 양질의 식사를 하자는 의미가 담겨있는 경향이다. 패스트푸드를 정크푸드로 분류하고 슬로푸드를 찬양하는 움직임이나 비싼 값을 지불하더라도 웰-메이드 제품을 구매하고자 하는 소비자들이 늘어나면서 창업 시장의 판도는 바뀌었다. 하지만 해당 붐이 한차례 외식업을 휩쓸고 지나간 지금, 상황은 다시 복원됐다. 여전히 사람들에게 잘 먹히는 창업아이템은 패스트푸드류이다. 왜 슬로푸드나 웰-메이드 푸드로는 창업 시장에서 성공을 선점하기 어려운 걸까? 두 종류를 분류하여 살펴보자.

슬로푸드

'느림의 미학'은 집에서 내가 직접 요리할 때만…

슬로(Slow)푸드는 패스트(Fast)푸드와 대조되는 개념이다. 조리 방식이 간단하고 비교적 빠른 패스트푸드에 비해서 음식을 만드는데 정성이 많이 들어가 조리 방식이 긴 음식을 일컫는다. 또한, 인스턴트 음식처럼 획일화된 맛이 아닌 개개인의 취향과 섬세한 차이가 반영된 것 역시 슬로푸드의 특징으로 뽑는다. 앞서 프랜차이즈의 핵심 중 하나가 대중화임을 살펴본 기억이 날 것이다. 이미 슬로푸드의 특징은 프랜차이즈화할 수 없다는 단점을 갖고 있는데 문제는 여기서 끝이 아니다. 치킨, 피자, 햄버거 등의 프랜차이즈를 생각해보라. 패스트푸드 프랜차이즈가 흥할 수 있었던 주요 원인은 바로 '배달'이다. 슬로푸드는 이 배달이 어렵다.

슬로푸드는 미리 만들어놓기 어렵다. 사전에 조리할 수 있어 고객에게 빠르게 전달이 가능하다면 이미 슬로푸드가 아니다. 호황기에는 하루에 수십 콜 이상의 배달 건수가 생기는 데, 그때마다 일일이 음식을 조리하기 시작한다면 고객이 납득 가능한 시간 안에 배달을 마치기가 매우 어려워진다. 재료의 손질부터 요리의 완성까지 비교적 긴 정성을 들여야 하는 슬로푸드는 가정에서 가족을 위해 만들어 먹기에는 적합한 음식이지만 신속 배달이 생명인 프랜차이즈와는 맞지 않는다.

월드컵을 보며 죽이 당기는 사람이 있을까?

슬로푸드는 메뉴 특성상 사람들의 구미를 빈번하게 자극하기도 어렵다. 가장 대표적인 슬로푸드에는 '죽'이 있다. 늦은 밤 야식으로 죽이 먹고 싶다거나 친구와 함께 집에서 시간을 보낼 때 혹은 스포츠 경기를 볼 때 죽이 당기는 사람은 매우 드물 것이다. 슬로푸드는 대체로 음식의 맛이 삼삼하거나 자극이 덜한 특징이 있다. 웰빙과 삶의 질 상승, 건강한 요리를 모토로 삼기 때문에 슬로푸드 치고 맵거나 짠 음식은 본 적이 거의 없을 것이다. 그렇기에 사람들에게 '건강하다'는 인상을 줄 순 있어도 '맛있다'는 느낌을 주기는 어렵다.

물론 이미 외식업 중에 죽과 관련된 프랜차이즈가 존재하긴 하지만 그 후발주자들이 쉽사리 나오지 않는 상황만 보아도 슬로푸드 프랜차이즈가 얼마나 어려운지 알 수 있다. 치킨, 햄버거, 피자 가게들은 너무나 많은데 죽 가게는 적은 이유는 무엇인가? 우리는 이미 우리의 입맛을 알고 있다. 우리가 어떤 맛에 더 맛있다고 느끼는지 말이다.

웰-메이드 : 고급화와 대중화는 물과 기름

웰-메이드(well-made)는 단어의 의미 그대로 해석하자면 '잘 만들어진' 제품이다. 공산품의 경우는 제품의 균형이 잘 잡히고 보기에 좋고 양품의 품질을 가진 상품을 말한다. 반면, 음식에 적용할 웰-메이드란 고급화의 또 다른 표현이라고 볼 수 있다. 잘 만들어진 음식, 최상의 식자재를 사용한 음식, 고급스러운 식기에 플레이팅 돼 나오거나 특이한 기법으로 만들어진 하이퀄리티 요리들 말이다. 이러한 웰-메이드는 슬로푸드와 마찬가지로 언뜻 보기에는 대중의 입맛을 완전히 사로잡을 비장의 무기로 여겨질지도 모른다. 하지만 대중화를 콘셉트로 잡아야 하는 프랜차이즈에서 이러한 웰-메이드 역시 부적합한 노선이다.

치킨 한 마리에 30,000원 주고 먹으라면 먹겠어요?

웰-메이드는 불가피하게 메뉴의 가격을 인상한다. 평범한 재료와 평범한 조리 방법만으로는 감히 소비자들에게 웰-메이드임을 주장할 수 없을 만큼 이미 웰-메이드의 격은 높은 상태이다. 버섯을 쓰더라도 트러플을 써야 한다면 과연 해당 메뉴는 대중적인 가격을 유지할 수 있을까? 외식업의 경우를 생각해보자. 불과 몇 년 전 가격 인상으로 사회적 파문을 낳은 치킨 브랜드 BBQ를 모두 다 알 것이다. 품질 높은 황금 올리브유를 필두로 삼은 주력 메뉴 후라이드 치킨은 대부분 사람이 선호할 맛을 가지고 있다. 하지만 BBQ는 여기에 제품의 높은 품질을 유지하기 위함이라며 가격 인상을 발표했다. 소비자들의 반응은 냉담했고 불매 운동까지 이어질 정도였다.

주류 프랜차이즈는 일반적이어야 한다.

여기서 우리는 웰-메이드의 맹점을 볼 수 있다. 고급스럽고 품질이 높은 음식을 만들자는 노선을 취한 마켓오와 BBQ가 대중의 지지와 다소 동떨어진 것은 간단하다. 프랜차이즈는 비싸선 성공하기 힘들다. 전국에 수많은 점포를 두고 다양한 고객들에게 광범위하게 접근해야 하는 프랜차이즈 브랜드 특성상 일반적인 가격 이상을 선점하는 순간 이미 경쟁력을 잃는다. 하지만 웰-메이드는 '잘 만들어진 요리' 자체의 특성상 어쩔 수 없이 최종적으로 판매 가격의 인상을 불러오고 만다. 일반적인 재료와 일반적인 레시피 만으로도 충분히 맛있는 음식을 만들 순 있다. 하지만 소비자는 사회적 통념상 이러한 음식을 웰-메이드라고 부르지 않는다.

웰-메이드의 두 번째 단점은 계량화, 점포 보급이 어렵다는 것이다. 앞서 언급하였듯 웰-메이드는 식자재의 선정부터 퀄리티를 상당수 끌어올려 고려하여야 한다. 하지만 어떠한 곳은 해당 식자재 보급이 가능하지만 다른 곳은 곤란한 경우가 있다. 아무리 중앙 본사에서 모든 식자재를 공급한다 할지라도 요리에 필요한 A to Z 모든 것을 일일이 다 대주기는 어려운 일이다. 차라리 규격화, 계량화된 제품을 공급하는 것이 더 효율적일 수 있다. 그런데 웰-메이드는 식자재 선정에서부터 규격화와 계량화와는 다소 동떨어져 있다.

디저트의 재료를 고를 때 고객에게 내줄 당도 높고 품질 좋은 고창 지역 수박을 고집한다고 쳐보자. 그 어떤 수박으로도 고창 수박을 대체할 순 없다. 비슷할지는 몰라도 말이다. 하지만 고창과 먼 지역에서 재료를 납품받아야 하는 지역은 상대적으로 리스크가 생기기 마련이다. 굳이 고창 수박이 아닌, 그저 달고 맛있는 수박이라면 가게 근처에도 많을지 모르는데 말이다. 소비자의 입장에서는 고창 수박이 으뜸이므로 이 외의 부산 수박, 옥포 수박 등은 고품질로 인지하기가 어렵다.

슬로푸드와 웰-메이드푸드는 프랜차이즈화하기 어렵다. 슬로푸드의 경우에는 조리 시간이 오래 걸린다는 특성 때문에 신속한 배달을 고객에게 약속할 수 없다. 속도가 생명인 배달에서 긴 배달 시간은 치명적인 단점이다. 또한, 자극적이지 않고 심심한 맛 혹은 건강한 맛이 대부분인 슬로푸드는 불시에 고객의 입맛을 당기게 하기 어렵다. 건강이 모토가 아니라 수익성과 맛있음이 모토라면, 슬로푸드는 프랜차이즈와 어울리지 않는다.

또한, 웰-메이드는 고급스러움과 높은 품질을 바탕에 두고 있기 때문에 어쩔 수 없이 메뉴의 가격 인상을 초래하게 된다. 하지만 대중화가 생명인 프랜차이즈에서 비싼 가격은 경쟁력을 약화하는 주요한 원인이 된다. 고급 식자재들은 규격화가 어렵고 프랜차이즈 지점마다 보급하기 곤란하다는 단점이 있다. 이러한 점을 바탕으로 슬로푸드와 웰-메이드 푸드는 프랜차이즈가 맞지 않는다. 행여나 이러한 두 가지 모토를 바탕으로 창업을 고안하더라도 추후 프랜차이즈화 과정에서 대중적인 방향으로 수정해야 할 가능성이 농후하다. 그러므로 추천하지는 않는다.

기술과 마인드 차이를 어떻게 극복할 것인가?

창업을 계획하고 있는 점주들이라면 자신의 예비 점포에 대해서 어떠한 방향이나 목적을 잡고 있을 것이다. 내 가게에 대한 청사진 말이다. 또한, 어떠한 태도와 가치관을 제품에 담아낼 것인지도 고려해볼 수 있다. 이렇듯 창업을 하기 전 점주들이 저마다 가진 모든 생각을 여기에서는 '마인드'라고 칭하겠다. 또한, 예비 창업주가 실제로 구현할 수 있거나 실무적으로 알고 있는 능력은 '기술'이라고 칭하겠다. 배웠든 알고 있는 가게의 운영과정에서 무리 없이 보여줄 수 있는 범주이다. 안타깝게도 마인드와 기술에는 약간의 갭(gap)이 존재한다. 어떠한 경우는 기술이 더 앞선 상태이거나 또 다른 경우는 마인드가 더 앞서있는 상태이다. 이러한 갭을 창업에서 어떻게 극복할 수 있을까?

마인드 > 기술

점주의 마인드를 보유 기술이 따라가지 못하는 상태이다. 마음 같아서는 더 빨리 음식을 만들고 싶고 더 친절하게 고객을 응대하고 싶으며 같은 시간 안에 더 많은 요리를 하고 싶지만, 도저히 가능하지 않은 상태이다. 다른 불가항력 요소가 있는 것도 아닌데 창업주의 기술 부족으로 욕심을 뒤쫓을 수 없는 상태이다.

이 경우에 답은 아주 간단하다. 마인드를 뒤쫓을 수 있는 만큼의 기술 개발이 필요하다. 음식을 빨리 만들고 싶다면 그에 상응하는 요리 기술을 익혀야 한다. 본인이 가진 어떠한 점이 문제인지 꾸준한 셀프 체크를 통해서 발견해야 한다. 그리고 개선해야 한다. 관련 공부를 좀 더 하거나 학원에 다니는 것도 좋고 때에 따라서는 현재 보유한 기술의 근원부터 뜯어고치는 방법도 있다. 마인드를 따라가는 기술을 개발하기 위해서 수행자의 자세를 취해야 할 필요가 있다.

두 번째 방법은 헤드헌팅이다. 아무리 생각해도 내가 가진 기술로는 도저히 자신의 바람을 뒤쫓을 수 없다고 생각해보자. 하지만 그 기술이 현실적인 영역에 있는 일이라면 누군가는 분명 수행할 수 있을 것이다. 유능한 직원을 찾아내 가게의 사람으로 만들자. 자신이 보유한 기술을 스스로 업그레이드 시킬 수 없다면 이미 업그레이드된 사람을 데려오는 것이다. 채용 시장에서 흔히들 헤드헌팅이라고 불리는 프로세스이다. 약간의 인건비를 감수해야겠지만 해당 비용을 지출함으로써 따라잡게 되는 자신의 기술이 가게 운영에 미치는 긍정적인 영향이 크다면 적극적으로 검토해보자.

기술 > 마인드

이 차이(Gap)은 창업 초기에는 사실상 나타나기 어렵다. 쉽게 이해하자면 방만하고 나태한 운영을 떠올리면 된다. 내가 가진 기술력이 뛰어남에도 불구하고 이를 가게에 적극적으로 적용하고자 하는 의욕이 없는 상태 혹은 필요성을 느끼지 못하는 상태이다. 마인드가 이미 뒤처져있다면 사실 기술을 따라잡고자 하는 의지조차 없겠지만, 혹시라도 이 케이스에 해당한다면 다음을 고려하자.

높은 기술이 적용된 운영은 당연히 효율적이다. 같은 시간에 남들보다 더 맛있게, 빨리 요리를 할 수 있음에도 불구하고 이를 능동적으로 실현하지 않는 것은 어찌 보면 잠재적 매출 손실이다. 더 많은 돈을 벌 수 있음에도 불구하고 마인드가 나태하여 최대 수입을 실현하지 못하는 셈이다. 기술은 보유하고 있음에 의의를 두지 않는다. 실제로 사용하고 제품으로 표현했을 때 그 가치를 인정받는 것이다. 애초에 창업을 시작한 주요 목적 중에 하나가 수익 창출일 텐데 높은 기술로 이 목적을 더 빨리 이뤄보자. 기술을 따라갈 만큼 마인드만 바꿔 조금 더 부지런해진다면 가게의 매상을 더 많이 올릴 수 있을 것이다.

해당 케이스에 해당하는 창업주들은 자신이 높은 기술력을 갖고 있다고 스스로 인지하여 방심하는 경우가 많다. 내가 남들보다 더 우월한 능력이 있으므로 굳이 전력질주 하지 않아도 선두의 자리를 지킬 수 있다는 마인드이다. 하지만 이는 분명한 오산이다. 영원한 1등은 없다. 시간이 지남에 따라 경쟁자들은 더 고차원의 기술을 가져올 가능성이 크다. 하지만 자신의 기술력에 안심하여 개발의 노력을 하지 않는다면 뒤늦게 업그레이드하기 어려워진다. 언제나 자신의 기술력이 가장 최신의 것일 수 있도록 점검하고 노력해야 한다. 이는 나태한 마인드로는 불가능이다.

해 아래 새로운 것이 없다. 모든 것은 레드오션이다

창업을 준비하는 사람들이라면 '블루오션'(blue ocean)을 찾고자 할 것이다. 어떠한 방법을 선택해야 남들이 걷지 않은 길을 걸을 수 있는지, 유니크 하면서도 오직 나만이 시도해볼 길을 골똘히 생각해보겠지만 쉽게 답이 나올 리 없다. 블루오션을 찾는 일은 이미 하늘의 별 따기처럼 어려운 일이 돼버렸기 때문이다. 블루오션이라 함은 마치 드넓고 푸른 미지의 바다처럼 그 누구도 아직 체험해보지 못한 신 영역을 말한다. 한마디로 기존의 패러다임이 통하지 않는 영역이다. 창의와 창조를 융합해야 하는 아이템으로 이 블루오션 필드에서는 선구자가 될 수 있다.

그렇다면 창업에 있어서는 당연히 블루오션을 찾아야 하지 않는가? 반은 맞는 답이다. 기술 관련 영역에서는 블루오션이 매우 중요하다. 하지만 우리가 고려하고 있는 것은 외식업이다. 외식업은 이전에 언급하였듯 대중화가 생명이다. 또한, 각종 메뉴가 쏟아지고 있는 현시점에서 블루오션 메뉴는 크게 경쟁력이 없다. 오히려 대중들에겐 낯선 퓨전 메뉴 정도로 인식될 뿐이다. 그러므로 외식업에서는 블루오션이 매출의 증대나 창업의 성공과 직결된다고 보증할 수 없다. 블루오션 메뉴를 고민하는 일은 마치 사막에서 오아시스를 찾는 일처럼 굉장히 고되고 힘든, 그러나 보상은 적은 과정이 될 수 있다. 더군다나 외식업체는 후발주자들이 금방 따라 붙는 환경이므로 블루오션 자체의 매력으로 오래 살아남기 어렵다.

이에 비해 레드오션(red ocean)은 '피로 물든 블루오션'에서 따온 단어이다. 블루오션을 가지려고 수많은 사람이 경쟁하느라 피로 물들어버린 험난한 전쟁터인 셈이다. 즉, 과거에는 굉장히 창의적이고 혁신적인 아이템이었으나 후발주자들이 지나치게 많이 참가하여 경쟁이 과열된 아이템을 말한다. 그러나 차라리 레드오션에 뛰어드는 것이 더 현실적이다. 레드오션이라 불리우는 대표적인 메뉴, 즉 피자, 치킨, 떡볶이 등 기존에 이미 많이 존재하는 메뉴를 선택하되 내 가게만의 특성을 대중적으로 표현하는 것이 승부의 관건이다. 블루오션이 이상향이라면 레드오션은 곧 현실이다. 외식업은 한 번의 기술개발로 높은 개런티를 받는 사업이 아니다. 꾸준히 팔아서 수익을 창출하는 사업이다. 그러므로 대중화에서는 레드오션으로 눈을 돌리는 과감함이 필요하다.

03

재료 유통 외주화

이번 장에서는 레시피의 핵심인 식자재, 즉 재료에 대한 내용을 살펴보자. 프랜차이즈의 핵심은 시스템이라고 하였다. 이 시스템의 핵심은 구체화와 계량화에 있고 이러한 사항이 가장 필요한 것이 바로 식자재의 조달 부분이다. 하지만 맛있는 메뉴의 선정과 창업의 방향까지 선정하였는데 재료는 어떻게 조달해야 할지 의문을 가진 예비 창업주들이 많다. 이때 효율적인 방법으로 제안되는 것이 바로 '외주'이다. 한마디로 내가 아닌 남을 시켜서 재료를 공급받자는 말이다. 하지만 나의 명예를 걸고 시작한 창업 사업에서 아무에게나 재료 유통을 맡겼다가는 큰 낭패를 볼 수 있다. 그러므로 다음 사항을 미리 살펴보고 외주 업체를 선정하도록 하자.

재료 OEM 선정 방식

인터넷 쇼핑을 하다 보면 '중국 OEM'이라는 단어를 자주 보았을지도 모른다. OEM이란 무엇일까? OEM은 Original Equipment Manufacturing의 약어로 주문제조방식으로 해석할 수 있다. 주문자가 요구하는 대로 제품을 만들고 주문자의 브랜드를 달아준다. 즉, A라는 사람이 B에게 OEM을 맡기면 실제 제품을 만드는 건 B일지라도 A의 브랜드로 완성이 된다. 이러한 OEM은 단순히 공산품에만 적용되는 것이 아니다. 외식업에서도 충분히 적용할 수 있다. 외식업에서 OEM은 프랜차이즈의 경우마다 다르지만 주로 사이드 메뉴나 속 재료를 공급받기 위해서 사용한다. 야채 고로케를 만드는 제빵 브랜드가 있다면 해당 브랜드는 야채 고로케를 처음부터 끝까지 모두 만들지 않는다. 겉 빵만 준비하고 속의 야채 내용물은 외주를 맡겨서 공급을 받는다. 또는 겉 빵까지도 외주 업체에 맡겨서 납품을 받되 포장만 개별로 하여서 해당 브랜드의 이름을 새긴다. 이러한 OEM 과정을 통해서 각 프랜차이즈의 창업주는 메뉴의 제작 시간을 줄일 수 있다. 또한, 대량 생산에 대응할 수 있으며 식자재 관리 비용이 절감되기 때문에 훨씬 효율적인 운영을 할 수 있다.

갑을 관계에서 떠나 식자재의 품질을 최우선으로 삼을 것

이러한 OEM은 알음알음 진행되는 경우가 다분하다. 창업에 도전하는 단계라면 아마도 주위에서 자신의 식자재 납품을 허용해달라는 구애가 많이 올 것이다. 창업 점주가 맨땅에 헤딩으로 OEM 업체들을 일일이 컨택하는 것에 피로감을 느끼며 시간상 디테일한 조사가 어렵기 때문이다. 또한, 현장에서는 프랜차이즈가 갑, 식자재 공급처가 을이라는 마인드가 있다. 이러한 우월의식은 현명한 식자재 선택에 대한 시야를 흐리게 하고 품질 외의 다른 것을 고려하게 한다. 그러나 각 메뉴의 식자재들은 고객이 직접 섭취하는 메뉴의 필수적인 요소이다. 영업 마인드로 품질을 상승시킬 수 없다. 품질을 우선으로 삼아야 하는 것은 기본적인 원칙이다. 잊지 말자.

맛, 가격 그리고 품질

내가 직접 이 음식을 처음부터 끝까지 만든다면 어떤 재료를 선정할까? 일단은 품질이 좋은데 내가 지출할 수 있는 비용이어야 하며 맛도 있어야 한다. OEM 업체를 선정하는 일도 크게 다르지 않다. 프랜차이즈화가 이뤄진 다음에 납품받아야 할 규모를 고려하여 비용 견적을 내보자. 양품의 식자재가 지나치게 비싸다면 메뉴의 판매가격을 인상하지 않는 범주 안에서 차선의 퀄리티를 찾되 맛도 고려해야 한다.

네트워킹을 이용하자

맛과 가격 그리고 품질까지 고려하여 OEM 업체를 선정하는 일이 말이야 쉽지만, 결코 간단한 과정은 아니다. 초보 창업 점주가 핸들링하기에는 지나치게 이상적인 말일 수도 있다. 그렇다면 기존의 네트워킹을 적극적으로 활용하자. 대형 포털사이트에 간단히 검색만 하여도 OEM 업체들이 모여 있는 카페나 커뮤니티를 발견할 수 있다. 하루에도 몇 건씩 납품 업체 공고글과 납품 제안 글이 작성된다. 이를 발 빠르게 체크하여 현재 어떠한 네트워크가 형성되어 있는지 눈치껏 살펴볼 수 있어야 한다. 만약 주위에 도움을 줄 수 있는 지인이 있다면 자문해보는 것도 좋다.

전국단위 유통업체 선정

전국단위로 유통업체를 선별하는 사항도 체크하자. 점포의 개설에 별다른 지역 제한이 없는 일반적인 프랜차이즈는 지점마다 모두 같은 품질의 제품을 공급받아야 한다. 지점마다 맛의 차질이 생겨서는 안 되기 때문이다. 그래서 유통업체를 선정할 때 전국단위로 고려해보는 것이 좋다. 만일 수도권에 치우친 유통업체만 계약한다면 지방에 위치한 프랜차이즈는 상대적으로 제품의 납품에서 불이익을 당할 가능성이 높다. 이러한 차이는 균일하지 못한 메뉴의 맛을 유발할 뿐만 아니라 점포 창업주들의 반발을 살 소지를 남기는 셈이다. 그러므로 전국단위에서 납품이 가능한 유통업체를 선정하는 것이 현명하다. 하지만 이러한 사항이 불가능한 경우도 있기 마련이다. 특정한 제품에 대해서 아무리 찾아봐도 특정 지역에서만 납품이 가능한 케이스가 발생한다면 일단 해당 제품을 다른 대체재로 변경 가능한지 아닌지를 판단해보자. 만약 이조차도 안 된다면 해당 제품을 전국의 점포에 어떻게 고르게 분배할 수 있을지 고안해야 한다.

기타 관리

재료 유통 외주화를 고민하는 단계라면 어느 정도 창업의 틀이 잡혀가고 있다는 과정이다. 시작은 반, 마무리는 전부라는 말이 있다. 어떻게 외주업체를 선정하여 납품할 것인지 프랜차이즈 나름의 프로세스를 고안하는 과정은 쉽지 않다. 쉽지 않은 만큼 중요한 과정이기도 하다. 언급한 대로 맛, 품질, 가격을 모두 잡을 수 있는 업체 선정을 위해서 네트워킹을 적극적으로 활용해보자. 하지만 이외에도 가이드라인을 잡아놔야 할 사안들이 있다.

① 납품 시기와 양에 대해서

언제 얼마나, 어떤 제품을 납품받을지에 대해서 디테일하고 유연한 가이드라인을 확보해야 한다. 우수한 OEM 업체, 유통업체를 선정한다고 종결되는 문제가 아니다. 프랜차이즈 매장마다 서로 다른 판매량, 또한 시즌마다 바뀌는 판매량을 종합적인 관점에서 고려하여서 납품 시기와 양을 결정해야 한다. 한 번에 너무 많은 양을 받아놓으면 이는 재고의 위험을 높인다. 소진하지 못한 재고는 모두 비용으로 처리되므로 경계해야 한다. 반면, 즉각적인 투입만을 고려하여 미니멈으로만 납품을 받으면 갑자기 있을지 모르는 판매량 증가에 대처할 수 없다. 이런 여러 가지 변수를 고려하여 가게에 안정적으로 납품 받을 수 있는 양과 시기를 매뉴얼화하자. 그리고 업체를 선정할 때, 언제 생길지 모르는 일에 대비하여 유연한 공급 대처가 가능한지도 파악해두자.

② 가르쳐주지 않은 사안들에 대해서

기타 관리는 말 그대로 특징지어지지 않은 다양한 사안들을 모두 총망라하는 셈이다. 창업을 시작해보면 재료 유통 과정에서 각종 잡음이 생길지도 모른다. 이에 대비하여, 본인이 선택한 메뉴의 재료에 대해 발생 가능한 사안들을 꼼꼼하게 정리해보자. 메인으로 전력을 다해서 대처할 필요는 없지만, 사전에 숙지하고 있는 점이 추후 관리 비용을 절감하기 위해 추천되는 자세이다. 결국, 기타 관리는 사전 점검이다. 재료 유통과 관련하여 본인의 영역에서 핸들링이 가능한 사안과 불가한 사안을 분류하여 숙지하고 개별 방안을 고안해보자.

　이번 파트에서는 재료 유통을 외주에 맡기기 전에 알아두면 좋을 점들을 체크해보았다. 외식업에도 적용되는 OEM은 이미 네트워크가 형성된 경우가 많으니 이를 활용해보자. 유사메뉴 프랜차이즈 종사자에게 자문하는 것도 좋다. 다만 언제나 맛, 가격, 품질을 우선으로 고려해야 하는 수칙을 잊지 말자. 또한, 전국 단위로 유통 가능한 업체를 고르게 선정, 관리하는 자세도 필요하다.

05 [사업 확장 돌파구] 프랜차이즈화를 위한 준비

1 '맛' 있을 것

맛없는 음식을 즐겨 먹는 사람은 없다. 장사를 오래 꾸준히 하려면 맛이 있어야 한다. 기본을 지키지 않는 장사가 잘될 수는 없다. 프랜차이즈를 생각한다면 당연히 해당 업체의 음식을 먹어봐야 한다. 또한, 비교 대상이 되는 업체의 것도 먹어보아야 한다. 내 입맛에 맞는다고 맛있는 것이 아니다. 가장 대중적인 맛을 찾으라는 의미다. 적절한 재료로, 적절하게 맛을 내었는지, 매장마다 음식 맛이 다르지는 않은지, 냉정한 평가 속에서 골라야 한다. 공통적인 평가를 적극적으로 반영한다면 대중적인 '맛있음'에 한 발짝 가까이 다가갈 수 있을 것이다.

2 평범할 것

유행만큼 '반짝'이라는 말이 어울리는 단어가 있을까? 정말 순간이고 잠깐이다. 사업을 반짝하고 싶다면 '유행'을 타는 사업을 하라. 그러나 꾸준한 수입으로 안정적인 삶을 살고 싶다면 유행을 타서는 안 된다. 심지어 창업비용까지 생각한다면 인생이 반짝하고 사라질 것이다. 무엇보다도 꾸준히 오래 하려면 한 철 장사로는 안 된다. 튀지 마라. 평범하고 또 평범한 메뉴를 골라라. 꾸준한 평범함도 능력이다.

③ 빨리할 것

슬로푸드와 웰-메이드푸드는 프랜차이즈를 생각한다면 과감히 버려라. 프랜차이즈는 속도가 생명이다. 삶의 질 상승과 건강한 요리를 만드는 것은 인생에 있어 중요한 부분이지만 사업에 있어 중요한 부분은 아니기 때문이다. 또한, 정성이 들어간 만큼 비용이 비싸진다. 내가 원하는 것과 소비자가 원하는 것이 무엇인지 고려해보라. 빠르게 먹고 싶은 사람이 많은가, 천천히 먹고 싶은 사람이 많은가? 혹은 그 천천히 잘 만들어진 음식을 먹는 빈도는 어떠한가? 사업으로 돈을 벌겠다는 생각이 있다면, 답은 금방 나올 것이다.

④ 유통을 이해할 것

유통을 알아야 신선한 식자재를 구입할 수 있다. 프랜차이즈를 하겠다면 시스템화를 반드시 기억하자. 창업을 생각한다면 하나의 음식을 만든다고 해서 1부터 100까지 다 만든다고 생각하는 순진한 발상을 하고 있지는 않을 것이다. 결국, OEM을 어떻게 잘 받느냐가 관건이다. 그리고 성공적인 결과물을 얻으려면 유통의 외주화를 고려하라. 프랜차이즈 창업을 시작하면 이에 대한 기초적인 부분들은 해당 업체에서 관리해줄 것이다. 물론, 관리 능력이 되는 업체를 만난다면 말이다.

BREAK FRANCHIS

프랜차이즈
상식을 깨다

외식업 프랜차이즈 창업 성공 비법

06

[대외비]
외식 사업
아이템 제안

철저한 시스템화가 이루어지지 않는다면 사업으로서의 가치가 떨어진다.
창업도 하나의 거대한 시스템이다.

01

특별한 조언

이번 장에서는 여태껏 언급하였던 내용을 종합하여 최종적인 조언을 하고자 한다. 프랜차이즈를 시작하는 창업 점주라면 누구나 성공하고 싶다. 그래서 현재 내가 외식 사업, 즉 전국에 지점을 두고 성공적인 수입을 올리고 있는 유로코피자를 예를 들어 해줄 수 있는 조언을 모두 담아보겠다. 외식업계의 창업 선배가 들려주는 실전 경험이라고 생각한다면 받아들이기가 쉬울 것이다.

대중적인 맛, 반드시 반영해야 한다

앞선 파트에서 핵심적으로 반복된 사항이 하나 있다. 바로 프랜차이즈 창업에 있어서 '대중화'에 대한 강조이다. 나는 앞선 장마다 대중화를 강조하였다. 그만큼 프랜차이즈에서 대중적인 맛은 아무리 강조해도 부족함이 없을 만큼 중요한 사안이다. 이미 많은 예를 들어 설명했지만, 이번 장에서는 대중화가 가진 장점을 종합하여 알려주고자 한다. 앞선 내용이 정리가 잘 안 되었다면 이번 장을 통하여 한 번에 정리해보자.

남녀노소를 공략하는 호감의 비결 : 대중적인 맛

거두절미하고 결론부터 말하자면 가장 큰 장점은 대중화를 통해서 불호의 위험을 낮출 수 있다는 점이다. 성별과 나이에 크게 구애를 받지 않는 광범위한 타겟팅이 가능한 대중적인 맛으로 우리는 고객의 층을 넓힐 수 있다. 수요층이 한정적이지 않고 넓다는 것은 당연히 그만큼 가게를 방문할 손님의 수가 많음을 의미한다. 호와 불호의 영역이 대척점처럼 선명한 맛은 프랜차이즈에 적합하지 않다. 전국 팔도에 자신의 점포를 만들고 싶다면 남녀노소 좋아하는 대중적인 맛을 고르자.

① 롱런 운영이 가능하다.

대중적인 맛은 지속성이 강하다. 한국인에게 아주 친숙하고 사랑받는 '김치'를 20대에만 좋아하고 30대에는 싫어하는 경우는 드물 듯이 대중성이 강한 맛은 시간에 종속되지 않는다. 이 말을 좀 더 다르게 표현하면 유행을 타지 않는다는 점이다. 앞서 시시각각 변하는 시대의 흐름에 지나치게 예민하게 반응했다가는 장기적인 운영이 힘들다고 언급한 적이 있다. 유행은 언제나 대체되기 마련이므로 롱런이 어렵다. 그러나 대중적인 맛은 이미 그 뿌리가 튼튼하게 사람들의 취향에 자리 잡고 있으므로 쉽게 바뀌지 않는다. 다른 자극적이고 흥미로운 음식을 찾더라도 대중적인 맛 자체에는 질리지는 않는다는 말이다. 그러므로 1년 반짝 빛을 보고 접을 장사가 아니라면 꾸준히 운영할 수 있는 대중적인 맛을 선택함이 옳다. 특정한 시즌이나 이슈에 영향을 덜 받고 사계절 운영이 가능한 메뉴라면 더욱 좋다. 더군다나 창업을 이제 막 시작하는 새내기 단계라면 불확실성을 줄이고 예기치 못한 리스크를 미연에 방지하기 위해서라도 장기적인 운영에 적합한 대중화를 선택해야한다. 개성과 특별함은 손님에게도, 창업 점주에게도 도전의 영역임을 잊지 말자. 외식업계는 치열하다. 생각보다 낭만적이지 않으므로 도전보다는 롱런을 선택하는 일이 더 현명하다.

② 진입 장벽을 낮춰준다.

대중화를 통해서 우리는 도전보다는 안정을 선택할 수 있다. 마치 관성처럼 사람들은 낯설고 잘 모르는 사안보다 익숙하고 예측 가능한 것을 선호한다. 모험과 개척정신이 지나치게 투철한 사람이 아니라면 말이다. 음식에서도 마찬가지다. 대중적인 맛은 한마디로 예상 가능한 맛이다. '피자, 치킨'이라고 말하면 사람들은 그 맛을 떠올릴 수 있다. 그리고 이 예상 가능함은 선택의 계기를 준다. 즉, 손님의 입장에서 대중적인 맛은 쉬운 선택을 가능하게 한다. 사람들은 김치찌개나 된장찌개를 고를 때 '이게 무슨 맛이지?'하며 고민하지 않는다. 반면에 치즈 된장찌개라는 낯선 메뉴가 있다면 망설이게 될 것이다. 메뉴를 고를 때 망설임이란 결국 진입 장벽이다. 사람들이 쉽게 다가올 수 있는 메뉴를 고안하자. 그 출발은 바로 대중성이다.

③ 시스템화에 적합하다.

프랜차이즈의 핵심 요소가 바로 시스템이라는 점 역시 앞선 내용에서 언급하였다. 이러한 시스템화는 여러 가지 디테일이 있겠지만, 계량화를 통해 이뤄진다. 그리고 이 계량화를 위해서 대중성 확보가 필요하다. '특별한, 나만의' 레시피는 계량화하기 어렵다. 또한, 슬로푸드나 웰-메이드 푸드처럼 원활한 재료 수급이 곤란한 레시피 역시 계량화하기가 어렵다. 많은 정성과 노력을 투자해야만 얻을 수 있는 재료라면 결코 대중적이라고 말할 수 없으니까. 그러므로 계량화 더 나아가 시스템화에 최적화하기 위해 대중성을 선택해야 한다. 전국 각 점포에 수급이 가능한 재료들로 만들 수 있으며 구체적인 수치로 표현이 가능한 대중적인 맛을 담은 레시피가 필요하다. 쉽게 만들 수 있음은 결코 맛이 없음과 동일어가 아니다. 반대로 복잡하고 어려운, 고급스러운 레시피만이 맛있는 요리를 완성하는 것도 아니다. 수치로 계량이 가능한 쉬운 레시피만으로도 우리는 충분히 맛있는 메뉴를 만들 수 있으므로 두려워하지 말자. 슬로푸드, 웰-메이드 푸드가 아니더라도 대중적인 맛은 충분히 승산이 있다.

모호함을 줄여주는 대중성 : 나 혼자만의 취향이라면 곤란해

그렇다면 이러한 장점이 있는 대중화는 어떻게 구현해낼 수 있을까? 이에 대한 설명 역시 앞장에서 구체적으로 기술하였다. <대중적인 맛 = 맛있음> 공식을 잊지 말자. 맛이 없다면 결코 남녀노소의 취향을 모두 초월할 수 없다. 사람들이 호불호를 타지 않고 대부분 좋아한다는 사실은 해당 음식이 맛있다는 점을 방증한다. 대중적인 맛을 발견해낼 방법을 종합해서 정리하자면 다음과 같다.

① 맛있음을 공부하고 경험하라.

대중적인 맛을 찾기 위해서는 뭐가 맛있는지 알아야 하고 이를 직접 요리할 수 있어야 한다. 창업하고자 하는 영역에 대해서 꾸준히 공부하고 경험하라. 틈틈이 맛집 탐방을 하며 공부하고 경험을 축적하자. 기회가 된다면 학원을 수강하면서 전문적인 교육을 받아도 좋다. 창업 점주 개인이 선호하는 맛이 아닌, 손님들이 좋아하는 맛을 찾아야 한다. 프랜차이즈는 내 취향을 반영하는 것이 아니라 전 국민의 취향을 대변해야 성공할 수 있음을 기억하자.

② SNS는 취향의 무료 전시장이다.

무엇이 대중적이고 무엇이 유행인가? 이를 구분하기 위해서는 내가 아닌 타인의 입맛과 흐름을 잘 살펴야 한다. 일일이 지나가는 사람들을 붙잡고 물어보기는 어렵다. 하지만 우리에겐 사람들이 무료로 자신의 취향을 매일 전시하는 SNS가 있다. 페이스북, 인스타그램, 트위터를 항상 관찰하라. SNS는 추후 바이럴 마케팅을 진행하기 위해서라도 꼭 파악해야 하는 매체이다.

인스타그램을 통해 '#맛집', '#핫플레이스' 등 유입성이 높은 키워드로 검색을 해보자. 사람들이 현재 어떤 취향을 갖고 있으며 어떤 가게들이 유행인지 한 눈에 살펴볼 수 있다. 여기서 지나치게 유행을 타는 사항은 배제하되 공통으로 관통하고 있는 대중적인 메뉴를 찾아내자. 가령 현재 '#야식'으로 검색한다면 가장 많이 보이는 음식이 바로 떡볶이와 치킨이다. 다양한 소스와 고명 등 개별적인 차이점과 독특함은 걸러내되 메뉴 자체에 집중해보자. 사람들이 야밤에 선호하는 대중적인 메뉴는 파스타나 스테이크가 아니라는 것을 발견할 수 있다. 이런 식으로 깊이 파고들다 보면 대중적인 메뉴와 맛에 대해 심층적인 데이터를 쌓을 수 있다.

회사원에서 프랜차이즈 창업주 되기

직장생활을 하다 제2의 인생을 위해 프랜차이즈 창업을 꾀하고 있는 사람들이 많을 거라고 예상한다. 혹은 퇴직금으로 창업을 수행하는 경우도 있을 것이다. 하지만 월급을 받고 누군가의 지시에 따라 일하는 일상과 스스로 모든 사안을 다 제어해야만 하는 일상은 분명히 다르다. 어느 점이 더 좋고 나쁨을 떠나서 극명한 차이가 있다. 주위에서의 인생 역전, 대박 신화 성공담만 듣고 간단하게 뛰어들 문제는 아니다. 그렇다고 가혹한 실수 스토리나 퇴직금을 모두 날렸다거나 빚더미에 앉았다는 풍문만 듣고 지레 겁을 먹을 필요도 없다.

회사원에서 창업주가 됐다면 달라진 환경에 적응하기가 어려울지도 모른다. 매달 꼬박꼬박 고정된 월급이 나오지 않는다. 내가 잘한 만큼 벌기에 어떤 달은 '창업하길 잘했다'고 생각할지도 모르지만, 또 어떤 달은 '그냥 회사원으로 지낼걸' 하며 후회할 수 있다. 창업을 마음먹었을 때는 이러한 위험에 대한 각오가 모두 반영돼 있어야 한다. 가게는 그냥 내버려둔다고 저절로 수익이 창출되는 캐쉬카우가 아니다. 창업 전, 중, 후에 따라서 명심해야 할 점들을 잊지 말자. 회사원에서 창업주로 삶을 바꾸고 싶다면 몇 가지 알아두어야 할 사항들이 있다. 이를 창업 전, 중, 후의 과정으로 간단히 나누어 설명하고자 한다. 프로 창업가인 내가 회사원들에게 해줄 수 있는 조언이다. 이것은 간략하게 적은 사항들이기에 실제는 더 심층적이고 디테일한 대응이 필요하다.

창업 시작 전

창업을 본격적으로 착수하기 전 단계이다. 창업은 나의 이름을 걸어 시작하는 사업이자 장사이다. 그러므로 모든 책임과 보상은 내 몫이다. 메뉴를 정하고 레시피를 고안하는 것, 가격을 책정하고 마케팅을 펼치며 적자의 위기를 극복하는 모든 상황을 다 통제할 수 있어야 한다. 이것은 결코 쉬운 과정이 아니다. 더군다나 이론과 실제는 매우 달라서 아무리 공부가 완벽히 돼 있을지라도 실제 창업에 뛰어들면 더 험난한 어려움을 겪게 될지도 모른다.

하지만 애정이 있다면 극복할 수 있다. 나만의 일을 시작하고자하는 의지와 열정은 일에 대한 애정에서 나온다. 창업에 뛰어들겠다고 마음먹기 전에 반드시 스스로의 애정을 점검해보자. 일이 좋아서든 해당 메뉴가 좋아서든 말이다. 자신나에게 험난한 창업의 길을 이겨나갈 애정이 남아 있느냐 없느냐는 얼마나 오랫동안 창업이 지속가능한지를 결정짓는 큰 문제이다. 그러므로 회사원에서 창업주가 되기로 마음을 먹었다면 자신이 진정 좋아하고 사랑할 수 있는 메뉴를 고르길 바란다.

반면, 오로지 돈을 위해서 창업을 시작하고자 한다면 말리지는 않겠다만 애정이 있는 경우보다 훨씬 버티기 어려울지도 모른다. 타인의 대박 신화만 보고 창업에 뛰어들었다면 자신이 예상하지 못한 그림이 그려질 경우 쉽게 일을 접고 싶어지기 마련이다. 소중한 투자금 없이는 추진해나가기 어려운 사업, 잠깐 발만 담그고 나오기에는 생각보다 까다로운 과정들이 기다리고 있다. 그러므로 큰 돈을 벌고 싶어 창업을 시작한다면 훨씬 더 꼼꼼하게 현실에 대해서 배워야할 필요가 있다. 자신의 이상적인 매출을 현실화하기 위해서이다. 애정이 있다면 다소 매출이 적어도 현실에 만족하며 끈기있게 버틸 수 있지만 그렇지 않다면 인내를 만들기는 매우 어렵기 때문이다.

창업 진행 중

창업을 진행하고 있다면 이제 회사의 일은 접었거나 멀어졌을 터, 진짜 어려움이 닥쳐오고 있다. 대부분 회사에서 손을 떼는 순간 돈 걱정을 시작하게 된다. 당연한 일이다. 설령 창업 자금으로 퇴직금을 준비해놓았다 할지라도 막상 창업을 시작하면 장사를 본격적으로 시작하기 전까지 나에게 들어오는 수익금은 0원이나 다름없다. 그러므로 창업을 착수했다면 자금 관리를 확실히 해야 한다. 이 부분은 물론 창업 시작 전부터 계획을 세워놓으면 좋다. 하지만 막상 창업을 시작하지 않으면 구체적으로 어떤 지출이 발생할지 알 수 없으므로 창업 진행 중 단계에 넣었다.

창업을 결심했다면 각자의 이상향이 있을 것이다. 하지만 한정된 자금으로 이상을 실현하는 일은 매우 어렵다. 저마다의 애로사항에 부딪히게 된다. 또한, 주위에서 들은 말이나 여러 광고를 보고 창업을 시작했지만, 막상 창업을 시행해보니 더 큰돈이 필요할 수도 있다. 창업을 시작할 때는 본인이 생각한 최소한의 창업 자금보다 좀 더 넉넉하게 준비하는 것이 옳다. 그게 스스로 스트레스를 덜 받고 가족들에게 자금난을 전가하지 않기 때문이다.

창업을 시작하면서 겪게 되는 여러 가지 자금 문제에 대한 조언이라면 그게 무엇이든 유비무환이 답이다. 과도한 채무를 만들지 않는 선에서 자신이 자금을 조달할 수 있는 여러 방안에 대해 항상 고려해야 한다. 추후의 상환까지도 디테일하게 계획을 잡아두라. 설령 그 계획 역시 막상 현실에서는 이뤄지기 힘들지라도 계획이라도 존재하느냐 마느냐는 큰 차이이다.

창업가 마인드란

1 나는 사장이다! 사장의 역할을 잊지 말자!

창업을 시작하면 명심해야 할 키포인트가 있다. 나는 이제 직장인이 아니다. 이제는 누군가 나에게 가이드라인이나 업무 지시를 주지 않는다. 모든 것은 스스로 알아보고 찾고 수행해야 한다. 또한, 이에 대한 책임역시 혼자서 다 감당할 수 있어야 한다. 그렇기에 창업 점주, 사장으로서의 책임의식을 가져야만 한다. 앞으로 발생하는 창업과 관련한 모든 문제는 스스로 해결해야 하기 때문이다. 그러므로 모든 영역의 일을 핸들링할 수 있어야 한다. 그래서 공부와 자문이 중요하다. 창업을 시작하고 있다면 주위에 도움을 줄 수 있는 이들 중 자신처럼 회사원에서 창업주로 변신한 사람들에게 끊임없이 물어보라. 그들이 경험에서 먼저 얻은 정보들은 중요한 양분이 된다.

2 나는 사장이지만 동시에 신입사원이다!

회사에서 차장이었건 팀장이었건 창업 점주로 일을 시작하기로 한순간 우리는 모두 신입 점주가 된다. 창업 시장에서의 신입사원인 셈이다. 그러므로 언제나 겸손한 마음가짐으로 하나라도 더 배우자. 업종 관련 기사들을 항상 클립핑하고 부지런히 조언을 구하며 시장을 살피자. 공부도, 경험도 최선을 다해야만 한다. 창업 시장은 그리 호락호락하지 않으며 모든 책임소재는 나에게 있다. 반면 꼼꼼한 대응과 준비로 얻게 되는 대박 신화의 몫 역시 나에게 있다. 이왕 시작한 창업, 실패 없이 성공해서 큰 보상을 얻자.

창업 후

자신만의 가게를 개설하는 데 성공했는가? 이제 정식 창업주가 됐다. 가게를 운영하고 매출을 올려 이익을 남기는 일만 남았다. 회사원들은 가게 사장들을 보며 매일 원하는 시간에 출퇴근하고 버는 만큼 다 가져가겠다며 부러워하겠지만, 창업 후 가게를 운영하다 보면 그게 전혀 달콤한 일이 아님을 알게 될 것이다. 나 없이도 가게가 말짱히 운영되게끔 일정한 궤도에 올려놓기 위해서는 뜻밖에 꽤 긴 시간이 걸린다. 앞서 말했듯 시스템도 구축해야 하며 직원 교육도 필요하다.

창업 후 가게 운영을 위해 가장 힘 쏟아야 하는 건 역시 마케팅이다. 일단 가게를 알리고 사람들의 인식에 들어가게끔 하여야 매출이 상승한다. 매출이 잘 나와야 직원을 채용할 여유도 생기고 여유로운 운영이 가능하다. 나의 가게가 서둘러 맛집 반열에 등극해야만 하는 이유이다. 배달이 불가한 외식업이 아니라면 배달통, 요기요, 배달의 민족 등 애플리케이션을 적극적으로 활용하여 인근 거주 주민들이 자주 시켜먹도록 하자. 적당한 리뷰 이벤트(후기를 쓰겠다고 기재하면 사이드 메뉴를 무료로 증정하는 등)를 병행하여 고객의 환심을 사는 것도 좋다.

또한, 요즘 맛집의 기본 조건인 바이럴 마케팅 즉 SNS 매체를 활용한 마케팅을 적극적으로 수행해야 한다. 스스로 이를 수행하기에는 시간이 너무 오래 걸리고 적합한 콘텐츠를 만들기 어려우니 광고대행사에 맡겨 속전속결로 진행하는 것이 좋다. 마케팅 비용은 장기적인 관점으로 봤을 때 투자이다. 마케팅한만큼 결과가 나오기 마련이다. 그러므로 창업 후 3개월 동안 가게의 매출을 끌어올리기 위해 마케팅에 적극적으로 투자하라.

특이한 메뉴, 재미있는 콘셉트

이번에는 유로코피자의 이야기를 해보려 한다. 유로코피자는 대중적인 맛을 선택하여 프랜차이즈에 성공했다. 하지만 마냥 밋밋하고 빤한 메뉴가 아니라 재미있는 콘셉트와 흥미로운 네이밍으로 특이함을 추가하였다. 프랜차이즈의 적은 유니크함과 특이함이라고 한 사실을 기억할 것이다. 다소 역설적인 이번 파트는 실사례를 바탕으로 설명해보겠다.

유로코 : 유럽과 한국 피자의 전통을 정통하다

이 광고 문구는 유로코피자의 공식 홈페이지에서 보이는 회사 소개 문구이다. 유로코피자의 메인 콘셉트는 유럽과 한국의 퓨전에 있다. 융합 요리를 선보이되 한국 대중의 입맛을 적극적으로 반영하여 대중적인 맛을 표현하고자 했다. 한국인들이 선호하는 기본적인 피자 메뉴, 예를 들어 고구마, 하와이안, 불고기, 콤비네이션 피자 등은 당연히 판매하고 있다. 여기에 좀 더 유럽풍의 특이한 메뉴를 추가하여서 회사의 아이덴티티를 살리고자 했다. 오너셰프(owner chef)가 **API** 이태리 국립피자학교를 수료했으며 국내 유명 조리학과를 졸업한 사항을 피자 메뉴에 녹여내기 위해 레시피 고안에 힘을 썼다. 초기에 유로코 메뉴를 만들기 위해 거듭되는 연구와 개발을 매일 진행했다. 그 덕에 전국을 잇는 유통망 구축을 이뤄냈고 어디에서든 맛있고 신선한 피자를 제공할 수 있게 된 셈이다. 그렇다면 대중적인 맛을 지키라고 했으면서 어떻게 유로코만의 개성을 메뉴에 녹여냈을까? 구체적으로 이에 해당하는 메뉴는 무엇일까?

네이밍의 차이, 내장파괴피자

유로코피자로 대형 포털사이트에 검색하면 연관 키워드로 뜨는 메뉴가 바로 '내장파괴피자'이다. 다소 과격해 보이는 이름의 이 메뉴, 정말 내장을 파괴하는 피자일까? 당연히 아니다. 유로코만의 신선한 재료와 푸짐한 토핑, 풍미가 좋은 육류를 아낌없이 쏟아 넣은 피자이다. 한국인들이 좋아할 만한 재료의 조합과 맛을 추구하되 유럽 이태리 피자 학교에서 전수받은 2가지 종류의 치즈를 총망라한 주메뉴다. 재료가 푸짐하여 다소 칼로리가 높다. 이러한 사항을 재미있게 표현하기 위해 '내장파괴 피자'라는 이름을 고안해냈다. 이 이름을 떠올리기까지 약 3개월의 시간이 걸렸다. 결과는 아주 성공적이었다. 재미있는 콘셉트와 내장보호가 아닌 파괴라는 특이한 메뉴 덕에 이 메뉴는 매출상승에 큰 기인을 하였다. 즉 특이한 메뉴와 재미있는 콘셉트는 모두 고수했지만, 맛 자체는 굉장히 대중적인 피자임을 지켜낸 셈이다. 요리의 기본인 맛은 대중성을 유지하되 그 외의 네이밍이나 스토리 분야에서 특이함과 재미를 더하였다.

유럽과 한국을 동시에 즐겨보자, 정원초과피자

정원초과피자라는 메뉴도 이번 파트에 잘 어울리는 유로코피자만의 메뉴이다. 우리나라 사람들이 좋아할 만한 불고기 향의 바비큐와 야채, 베이컨을 마치 삼겹살처럼 구워 페퍼로니 외 각종 토핑과 함께 담아낸 메뉴이다. 여러 사람이 모두 함께 모여 즐길 수 있다는 의미에서 정원초과라는 피자 이름을 붙였다. 이름에서부터 푸짐한 양과 다양한 토핑들이 짐작되지 않는가? 이 메뉴 역시 사람들의 반응이 좋았다.

피자 자체의 맛도 물론 우수하지만, 유럽풍의 느낌을 피자에 도입했다고 해서 대단히 특이하거나 대중성과 동떨어진 것은 아니다. 베이컨, 바비큐, 야채 모두 우리나라 사람들이 기존의 피자에서 선호하는 토핑들이다. 이 사항을 지키면서 토핑을 올려놓는 방식을 일렬로 바꿔보고 양을 푸짐하게 업그레이드해서 흥미로운 메뉴를 만든 셈이다. 여기에 재미있는 이름까지 더하여 콘셉트를 명확히 하였다. 덕분에 유로코피자는 대중적인 맛은 지키면서 특이한 콘셉트까지 두 마리 토끼를 잡게 됐다.

대중성과 맞닿아 있는 특이함

특이한 메뉴와 재미있는 콘셉트를 떠올리라는 점은 대중성을 외면하라는 것과는 아주 다른 의미이다. 프랜차이즈가 마땅히 고수해야 할 대중적인 맛은 지키면서도 부가적인 가치에서 특이함과 흥미를 이끌어내라는 가이드라인이다. 감각 있고 창의적으로 이름을 지어보자. 같은 토핑을 올리더라도 배열방식을 바꾸거나 양에 있어서 차별화를 두자. 고객은 사소한 차이를 모두 인식한다. 대중적인 맛 사이에서 프랜차이즈가 살아남기 위해서는 흥미를 이끌어내야 한다. '내장파괴피자, 정원초과피자'로 이루어낸 유로코피자만의 아이덴티티를 잘 캐치해보자.

치킨 매장의 장단점 해부

외식업 창업에서 가장 쉽게 떠올릴 수 있는 메뉴가 바로 치킨이다. '은퇴의 종착역은 치킨집'이라는 말까지 있을 정도로 치킨집은 주위에서 가장 흔하게 볼 수 있는 프랜차이즈이기도 하다. 너도나도 도전하는 분야라 쉽게 생각하기 마련이지만 나름의 장단점이 분명 존재한다. 유로코피자의 CEO를 떠나 창업 점주로서 바라보는 치킨 매장의 장단점은 무엇일까? 피자 vs. 치킨의 경쟁 구도에서 내가 피자를 선택한 사항에는 분명 이유가 존재한다.

치킨 매장의 장점

치느님이란 말을 모르는 사람이 없을 만큼 우리는 치킨을 '숭배'하는 시대에 살고 있다. 치킨의 인기에는 거품이 있고 이 과열 현상은 곧 식을 것이라는 전망이 있었으나 여전히 치킨은 롱런하고 있다. 특히 1인 가구가 증가하고 야식 문화가 발달, 각종 배달 애플리케이션이 진화함에 따라 치킨은 부담스럽지 않은 가격으로 선택이 가능한 최적의 메뉴로 떠올랐다. 이러한 치킨을 판매하는 치킨 매장의 장점부터 살펴보자.

① best 대중성

치킨 매장의 가장 큰 장점은 남녀노소의 호불호를 크게 타지 않는 치킨의 대중성이다. 바삭하고 노릇하게 기름에 튀겨낸 튀김의 맛은 우리나라 사람들이 특이나 좋아하는 맛이다. 또한, 매콤하고 달콤한 양념까지 노릴수 있으므로 치킨은 불호보다 압도적으로 호의 케이스가 많다. 치느님이라는 말에 이어서 '1일 1닭'이라는 단어까지 창조될 정도이니 그 대중적인 인기는 강조할 필요가 없을 정도이다. 때문에 치킨 매장을 창업하면 일단 치킨이라는 메뉴 덕분에 대중성은 확실히 확보한 셈이다. 특별히 맛이 없지 않은 이상 대부분 사람이 좋아할 만한 메뉴라는 점이다. 거기다가 야식 메뉴의 대표격으로 불리는 메뉴이므로 사람들 선호도의 가장 탑을 선점할 수 있다는 장점이 있다. 치킨의 대중성은 타 메뉴보다 매우 강한 편이다. 하지만 피자와 햄버거, 분식과 한식 등의 메뉴들도 대중성은 뛰어난 편이기에 치킨이 유아독존이라고 생각하면 안 된다.

② 적당한 가격대 형성 가능

치킨 매장의 두 번째 장점이라면 메뉴의 가격이다. 현재 시장에 존재하는 치킨 프랜차이즈들의 가격은 약간의 차이는 존재하지만 대부분 비슷비슷하다. 프라이드 기준으로 한 마리에 2만 원 이하다. 특별히 작은 닭을 쓰지 않는 이상 대부분은 맛과 상관없이 해당 가격으로 책정돼있다. 그러므로 치킨 매장을 운영한다면 그것이 프랜차이즈든 아니든 시세에 대한 걱정이 적다. 마치 거대 담합처럼 일정한 가격으로 치킨의 시세는 형성돼있기 때문이다. 기존의 성공 치킨 프랜차이즈들을 보면 가격이 저렴하다고 우세인 것도 아니다. 1만 원이 넘지 않는 치킨이라고 해서 대박 나지는 않는다는 것이다. 그러므로 내 치킨이 맛이 있든 없든 나는 일정한 수준의 가격을 책정할 수 있다. 왜냐하면, 소비자들이 인식하는 치킨의 대략적인 가격 수준이 있기 때문이다. 먹어보고 심하게 맛이 뒤처지지 않는 이상 우리는 치킨 한 마리에 1만 5천 원~2만 원 수준의 가격을 자연스럽게 요구할 수 있다. 이 과정에서 소비자의 까다로운 검증과정은 타 메뉴에 비해서 덜한 편이다. 다만 형성된 가격 수준 이상을 요구하기가 어려운 것도 염두에 둬야 한다. 프리미엄 혹은 명품 치킨의 콘셉트로 시장에 뛰어든 치킨 브랜드들이 많으나 대부분이 소비자들의 외면을 받았다. 일정한 가격수준을 요구할 수 있다는 점을 역으로 생각해보면 그 이상의 가격대를 책정하기 매우 곤란하다는 뜻이다.

③ 빠른 제조 과정

치킨 매장의 가장 핵심이라면 많은 배달 오더에 대응할 수 있다는 점이다. 제조 과정이 단순하기 때문이다. 염지된 닭을 준비하여 튀김옷을 묻혀 기름에 튀겨내면 끝이다. 양념이나 다른 메뉴의 경우 준비된 소스를 붓거나 고명을 올려 포장하는 과정만 추가하면 된다. 프랜차이즈 대부분의 경우 소스나 염지된 닭은 납품받기 때문에 개별적으로 준비해야 할 필요도 없다. 그래서 치킨 가맹점의 경우 음식을 요리한다는 느낌보다는 '조리'한다는 느낌이 강하다. 그래서 성수기 시즌에도 대응할 수 있다. 월드컵이나 올림픽 등의 주요 스포츠 행사가 있는 날은 사람들에게 치킨 시켜먹는 날로 통한다. 이런 날의 치킨 수요는 평소의 1.5~2배, 많게는 그 이상에 달한다. 치킨 메뉴가 손이 덜 가기 때문에 높은 수요에도 대응할 수 있는 것이다. 다만 이 시즌에도 평소대로의 배달 시간을 맞추기 위해서는 불가피하게 추가 인력을 써야 하는 경우가 다반사이다. 배달뿐만 아니라 매장 음식까지 제공하는 매장이라면 더욱 많은 아르바이트생이 필요하다. 제조 과정이 빠르고 손이 많이 가지는 않지만 급증하는 수요에 대비하여 인력 보충이 필요하다.

치킨 매장의 단점

치킨 매장의 장점은 이미 많이 알려졌으므로 아마 어렴풋이 알고 있었을 듯싶다. 그래서 다들 도전하고자 하지만 단점도 확실히 알아둬야 할 필요가 있다. 장점만 존재한다면 모든 치킨 매장들이 성공했을 터이다. 성공의 목전에 가깝지만 성공하기가 뜻밖에 정말 어려운 치킨 매장, 과연 어떠한 단점 때문에 창업에 적합한 장점이 있음에도 불구하고 성공하기가 어려운 것일까?

① 레드오션 of 레드오션

가장 큰 단점은 역시 치열한 경쟁이다. 이미 치킨 매장들은 과포화 상태라고 봐도 무관할 만큼 말이다. 마치 통신사 대리점이나 제과 제빵 브랜드처럼 치킨 매장 역시 한 다리 건너 존재할 만큼 무수히 많다. 배달 앱을 켜서 내 지역에서 주문이 가능한 매장을 조회하면 수십 개가 뜰 정도로 말이다. 이런 시점에서 치킨 매장을 창업하겠다는 포부는 현재 시장에 존재하는 수백 개의 브랜드와 개인 매장을 경쟁자로 두는 셈이다. 그래서 성공하기가 매우 어렵다. 치킨 매장은 단골을 만들기 정말 쉽지 않다. 기존에 너무나 많은 매장과 메뉴가 있기 때문에 소비자는 언제든지 원하는 가게를 변경할 수 있다. 간단한 취사선택이 가능하다. 특별하고 인상적인 메뉴를 만들어보려 애를 써 봐도 이미 웬만한 메뉴들은 모두 나와 있다. 심지어 과일 분말을 버무린 삼색 치킨부터 겨자 치킨까지 시중에 출시된 정도이니 말이다. 매장부터 세부 메뉴까지 치킨 시장은 이미 험난한 레드오션이다. 이 전쟁통에 참여하여 승리하기란 절대 쉽지 않다.

② 거대 프랜차이즈의 존재

치킨 브랜드하면 떠오르는 몇몇 업체가 있을 것이다. 이 브랜드들은 이미 전국에 수많은 점포를 보유하고 있으며 유명 모델과 각종 홍보로 두꺼운 수요층을 확보하고 있다. 심지어 치킨 상표가 아닌 대형 할인점까지 한때는 치킨 시장에 뛰어들었을 정도이다. 저렴한 가격으로 폭풍적인 수요를 이끌었다가 상인들의 반대로 막을 내린 '통큰 치킨'을 기억하는가? 보통 치킨의 경우는 일정한 가격수준이 형성돼 있으므로 해당 가격대에서 파격적으로 저렴하게 팔기가 어렵다. 원재룟값과 품질, 맛에 대한 소비자들의 우려를 방어할 수 있는 가격선이 있기 때문이다. 하지만 통큰 치킨은 대형할인점 브랜드가 주는 신뢰성과 테이크아웃 전문이라는 근거를 바탕으로 박리다매 홍보에 성공하였다. 이때 주위의 다른 치킨 상권이 거의 잠식됐을 정도로 업계에 타격은 매우 심각했다. 이처럼 치킨 매장은 거대 프랜차이즈로 진행하지 않고 나만의 타이틀을 단 가게로 시작하기가 어렵다. 사람들의 선호 지분을 차지하고 있는 유명 브랜드들조차도 수십 개가 넘는다. 이는 피자와 햄버거보다는 훨씬 많은 수이다. 그러나 치킨 유명 프랜차이즈들의 경우 높은 가맹비를 요구하는 경우가 다반사이다. 그러므로 선택하느냐 선택하지 않느냐 모두 리스크가 존재한다. 치킨 매장뿐 아니라 대형 유통 채널까지 박리다매를 앞세워 호시탐탐 시장 지분을 노리고 있어 싸움은 아주 치열하다.

③ 마케팅이 어렵다

치킨은 틈새시장 공략이 어렵다. 치열한 레드오션으로 인해서 치킨에 대한 모든 것이 존재할 정도이니 말이다. 그래서 마케팅도 어렵다. 특이한 메뉴, 유명한 브랜드, 푸짐한 양, 퓨전 풍미 모든 것이 시장에 다 존재한다. 어떤 콘텐츠로 바이럴 마케팅을 진행하든 진부할 수밖에 없다. 그래서 지역 맛집으로 치킨집을 소개하는 리뷰 콘텐츠는 없다. 이미 소비자들은 치킨에 대해서 너무나도 잘 알고 있기 때문이다. 파격적인 가격이나 출혈을 동반하는 덤 마케팅을 진행하지 않으면 소비자들의 흥미를 거둬들이기가 어렵다. 그래서 신규 점포에 해당하는 3개월의 오픈버프도 적은 편이다.

동네에 치킨집이 새로 생겨도 소비자들이 가지는 관심이 그리 크지 않기 때문이다. 마치 예전에도 있었던 듯 혹은 없어져도 그만인 셈이다. 치킨매장은 마케팅이 어렵다. 이미 웬만한 마케팅은 모두 진행돼있다. 얼핏 생각하면 '피자나 햄버거도 마찬가지가 아닐까?'라고 반문할 수 있지만, 그 정도의 차이가 있다.

치킨 매장은 누구나 도전해볼 수 있지만 아무나 성공하는 영역은 아니다. 야식 문화에서 1위의 선호도를 가진 메뉴이기에 그만큼 시장은 험난하다. 대중적인 맛과 브랜드의 유무를 막론하고 공통으로 적용 가능한 가격대, 프랜차이즈에 적합한 짧은 제조시간 등의 장점을 가지고 있지만, 단점도 확연하다. 지나치게 치열한 경쟁과 수많은 거대 브랜드, 진부한 마케팅과 틈새 시장의 어려움마저 있다.

'치느님'으로 성공하는 것은 정말 하느님의 계시가 있어야 하는 건 아닐까? 치킨 매장을 차려서 성공한 퇴직자들은 뜻밖에 정말 적다. 분명 성공의 문은 크고 넓지만, 그 문 앞에 대기하고 있는 줄이 너무나도 길다. 그러므로 치킨 매장에 도전하고 싶다면 장단점에 대한 발 빠른 파악이 반드시 동반되어야 한다. 창업주의 선택을 유혹하는 각종 프랜차이즈 홍보들이 넘쳐나지만, 손해 보지 않기 위해서는 꼼꼼하게 살펴보고 진행하기를 바란다.

투자금이 500만 원밖에 없다면

이번 장에서는 모의 창업을 진행해보고자 한다. 당장 나부터가 그러하였듯 요즘은 20대부터 패기를 가지고 창업에 도전하는 경우가 많다. 하지만 창업을 하기에는 자금이 턱없이 부족한 나이에 자금난을 딛고 창업에 성공할 수 있을까? 500만 원이라는 금액을 기준으로 생각해보자. 어떤 창업에 도전해볼 수 있는지 알아본다면 소자본을 가진 창업 꿈나무들에게도 희망이 있다. 일단 500만 원에서 추가로 투자금을 더 조달할 방법은 없다는 가정을 베이스로 깔아놓았다. 사실 현실적으로는 자금을 지원받아 더 큰 금액을 준비하는 게 수월한 초기 창업 단계를 완성해주겠지만, 일단은 500만 원으로 잡고 일을 시작해보자.

외식업 창업

나는 여러 업종 중에서도 외식업 창업을 선택했다. 하지만 점포를 보유해야 하는 외식업 창업은 500만 원으로는 터무니없이 부족하다. 월세로 작은 테이크아웃 전문점 점포를 찾을지라도 500만 원으로는 보증금조차 낼 수 없기 때문이다. 그러므로 500만 원짜리 창업이라면 일단 푸드트럭으로 시작해보는 것을 추천한다. 푸드트럭의 경우에도 어떠한 타입과 규모의 푸드트럭을 구매하느냐에 따라서 천차만별이지만 가능한 모든 경우의 수를 다 생각해보자.

중고냐 렌탈이냐?

간단하게 핫도그 정도를 만들 수 있는 중고 푸드트럭은 시세를 잘 살펴보면 400만 원대에 매물이 나와 있는 경우도 있다. 물론 현대식이지 않은 경우가 많아 개조나 리모델링이 필요하겠지만, 일단은 중고로 진행한다는 가정에서 아주 싸게 구한다면 500만 원 안에서 푸드트럭을 구할 수 있다.

또한, 전기구이통닭용 차의 경우는 400만 원보다 더 싼 200~300만 원대에 전기구이 시설까지 포함해서 살 수도 있다. 반면 렌탈의 경우에는 하루에 15만 원 많게는 30만 원까지 비용이 측정된다. 이 역시 푸드트럭의 사양과 타입에 따라서 달라진다.

500만 원의 예산으로도 우리는 푸드트럭을 준비할 수 있다. 다만 푸드트럭만 준비한다고 창업이 시작되는 점은 결코 아니다. 필요한 원재료의 구매, 기름값, 각종 식기류 구매, VMD 구매와 마케팅 비용까지 모두 책정하여 500만 원 내의 예산을 고려해야 한다. 그러므로 중고를 구매하는 것은 전기구이용 차가 아니라면 다소 빠듯할 수 있으니 렌탈을 고려해보자. 렌탈의 경우에는 꾸준히 하루 렌탈 비용이 빠져나가므로 하루에 벌어들일 수 있는 예상 수익을 고려한 다음 진행해야 한다. 500만 원대로 외식업 창업을 시작하는 경우라면 다음과 같은 상황을 생각해볼 수 있다.

	중고 푸드트럭 구매	하루 렌탈
비용	가장 저렴한 사양으로 400만 원대도 가능 전기구이용 차는 200만 원대 (지역별 편차 존재)	15만 원에서 30만 원
고려 사항	창업에 필요한 각종 비용도 함께 고려	하루 대여비 이상의 수익 창출이 가능한지 고려

비외식업 창업

비외식업 창업의 경우는 외식업보다 비교적 제약이 적다. 500만 원대의 자본금으로 판매할 수 있는 제품은 다양하다. 주로 무점포 쇼핑몰 창업, 온라인 사이트를 기반으로 한 공산품 판매업이 있다. 의류나 액세서리류를 소규모로 납품해서 판매하는 경우가 가장 대표적이다. 온라인 쇼핑몰 개설 비용에 물품 납품 비용과 마케팅 비용을 고려하면 된다. 이 경우에는 500만 원 안에서 해결할 수 있다.

장사가 잘된 후도 고려해야 해

무점포로 개설하기가 비교적 편하다는 특징 덕에 비외식업 창업은 소자본으로 시도해볼 수 있다. 하지만 온라인 쇼핑몰을 기반으로 하는 특성상 추후에 장사가 잘돼도 브랜드화하기가 어렵다. 한마디로 프랜차이즈화하기 어렵다는 점이다. 외식업이 프랜차이즈에 쉬운 이유도 바로 이러한 차이이다. 또한, 주로 제품 판매가 메인인 비외식업의 경우 추후 고객 관리에 뜻밖에 큰 비용이 들어간다. 제품의 품질, 배송 상태, 문의 등과 관련된 각종 고객 피드백에 대응하기 위해서 장사가 번창할 경우 더 CS 부분에 힘을 써야 한다. 외식업 역시 고객 관리에 힘을 쏟아야 하지만 먹으면 그 자리에서 사라지는 음식의 특성상 판매업보다는 덜하다.

500만 원으로 창업하기 전에

① 지역 창업박람회를 반드시 방문하라.

처음으로 창업을 시작한다면 어딘가에서 지원도 받고 싶고 자문도 받고 싶을 것이다. 하지만 누구나 처음은 서툰 법, 혼자서 끙끙 앓지 말고 지역 창업 박람회를 적극적으로 활용하는 걸 추천한다. 현 정부는 창업을 권장하는 정책을 펼치고 있기 때문에 지역마다 편차가 있지만, 서울의 경우는 분기마다 각 곳에서 창업박람회가 진행된다. 전국의 코엑스 킨텍스 벡스코처럼 규모가 큰 창업박람회에 방문해서 살아있는 정보를 얻으면 가장 베스트이지만 그게 어렵다면 가까운 지역의 창업박람회 일정을 숙지하고 꼭 방문하라. 자금을 추가로 지원받을 수 있는 프로그램이나 각종 정책에 대해 발 빠르게 대응할 수 있다.

② 창업 네트워크를 수시로 방문하라.

창업 박람회가 아니더라도 창업에 대한 정보를 얻을 수 있는 곳은 많다. 오프라인 창업 카페나 모임 그리고 온라인 커뮤니티 등에서 항상 최신의 정보를 수집하라. 이론과 현실의 괴리를 줄이기 위해서는 실제 창업에 종사한 사람들의 살아있는 조언이 필요하다.

그러므로 창업 네트워크의 단골 게스트가 되길 바란다. 창업 네트워크가 중요한 이유는 단순히 정보만 얻고자 함이 아니다. 나와 다른 업종에 종사하는 창업주라 할지라도 실제로 창업을 시작해보면 생산적인 도움을 줄 수도 있기 때문이다. 그들과 인적 네트워크를 만드는 사항 자체가 하나의 재산이 된다. 내가 창업하는 브랜드를 사전에 미리 알리고 영업한다는 마음가짐으로 창업 점주들을 대하자. 일반 손님을 모으는 일도 중요하지만 실제로 창업을 영위하는 사람들과 호의적인 관계를 쌓는다면 추후 실무에 대해서 많은 도움을 받을 수 있다. 그러므로 창업 네트워크에 자주 참석하여 인맥을 쌓고 관계를 형성하는 것은 자본금이 500만 원이든 5,000만 원이든 상관없이 추천할만한 사항이다.

02

향후 10년 외식 사업 내다보기

대중의 입맛이라는 것

향후 외식 사업을 미리 내다보기 위해서는 대중의 입맛 변동에 따른 선견지명도 필요하다. 사실 현재의 대중적인 입맛이 향후 10년까지 지속한다는 보장은 없다. 물론 '대중성'이라는 단어 자체가 단발적이지 않고 지속적인 선호도가 내포된 의미이지만 시시각각 변하는 외식 사업의 환경 속에서 이를 장담하기는 어려우니 말이다. 그렇다면 향후 10년을 내다보는 대중의 입맛은 어떻게 따라잡을 수 있을까?

과거를 돌아보면 미래를 예측할 수 있다

영국 소설가 조지메리디스의 명언 중에 '과거를 지배하는 자가 미래를 지배한다'는 말이 있다. 우리가 거쳐 온 과거의 모습을 잘 살펴보고 컨트롤할 수 있어야만 미래도 거머쥘 수 있다는 점이다. 외식업도 마찬가지이다.

향후 10년 대중 입맛의 변화가 궁금하다면 과거의 10년을 돌아보라. 2008년에 우리가 선호했던 메뉴는 무엇이었는가? 아마 지금처럼 맵고 자극적인 떡볶이, 짭조름한 치킨, 야들야들한 족발은 아니었을지도 모른다. 그 당시에 대중적인 음식 문화로 손꼽히는 메뉴와 현재의 메뉴를 비교하면 사람들의 입맛이 어떻게 바뀌었는지를 알 수 있다.

세상은 유기체, 음식 말고 세상을 보라

그렇다면 왜 사람들이 선호하는 음식이 바뀌는 것일까? 10년 동안 갑자기 입맛이 변화했을 리는 없다. 모든 것은 상호유기적인 관계가 있다. 사람들의 입맛에는 다양한 사회적 모습이 작용하고 있다. 소득의 증가에 따라 육류섭취에 대한 허들이 낮아져 우리는 치킨, 족발, 보쌈 같은 메뉴 등을 부담 없이 즐기게 됐다. 반면 스트레스가 늘고 사회적 욕구가 적체된 사람들은 짜고 매운 떡볶이, 눈물 나는 짬뽕 등의 극단적 메뉴까지 원했다. 또한, 서구적인 문화를 동경하는 분위기 덕에 크림파스타나 치즈 등도 대중적인 선호도에 오르게 됐다. 이처럼 다양한 대중성 안에는 그마다 흐름과 이유가 있다. 왜 사람들이 이 맛을 대중적인 것으로 채택하였는가? 여기에는 마땅한 근거가 있는 셈이다.

그러므로 향후 10년의 입맛을 살펴보는 것은 결국 과거를 체크하고 현재의 사회적 흐름을 돌아보는 작업을 의미한다. 경기의 수준과 라이프 스타일에 따라서 사람들의 입맛은 변화한다. 2028년에는 웰빙 라이프에 대한 강조로 심심하고 건조한 맛이 주류를 이룰 수도 있고 지금보다 더한 자극이 흐름을 이어갈 수도 있다. 중요한 것은 그 입맛이 무엇이 됐든 간에

'대중의 선택'이 만든 결과라면, 외식 업체는 마땅히 이를 따라야 한다는 사실이다.

유행 타는 메뉴 VS 유행 덜 타는 메뉴

유행에 대한 민감도 역시 앞선 5장에서 설명을 하였다. 꾸준하고 장기적인 프랜차이즈를 위해서는 유행에 다소 무던해지는 게 성공 전략이다. 유행을 따라가지 않는 것이 조바심 날 수 있으나 여유로운 마음을 가지고 창업에 임해야 꾸준히 운영할 수 있다. 한 철 장사에 바짝 벌고 말 계획이라면 혹은 초기에 반짝 불태워 올라 투자금을 모두 회수하고 수익금도 넉넉히 챙길 수 있을 전략이라면 유행에 민감하게 반응하라. 하지만 이 일은 절대 쉽지 않다. 그러므로 유행에 대한 민감도는 다소 낮추되 10년 후에도 운영이 가능한 메뉴를 선정하길 바란다.

 # 그 많은 대만 카스테라와 치즈 쪽갈비는 다 어디로 갔을까?

SNS 매체만 보아도 우리는 지금 외식업에서 무엇이 핫한지 알 수 있다. 하지만 지난 과거를 돌아보라. 한 시즌을 강타했던 인기 메뉴 중에 현재까지도 살아남은 메뉴는 많지 않다. 원조와 후발주자들의 경계가 무색할 만큼 예민하게 사람들이 유행을 좇고자 하면서 오히려 우후죽순으로 생겨난 가게들이 사람들의 흥미를 급감퇴시키는 것이다. 우리는 새로운 자극에 더 민감하게 반응한다. 뭐든지 낯선 것이 재미있고 흥미롭다. 하지만 그 흥미를 이어나가기도 전에 무수히 많은 자극이 들이닥친다면? 우리는 흥미를 제대로 느껴보지도 못한 채 지루함과 피로감을 느끼게 된다. 그래서 다른 자극을 찾는다. 유행은 곧 자극이다. 그것도 아주 쉽게 대체되는 자극 말이다.

무던함 속에서도 날카로운 혜안을 가지자

그래서 유행을 좇아가는 일은 다소 리스크가 있다. 하지만 몇몇 창업 점주들은 여전히 유행에 미련을 버리지 못할지도 모른다. 그럴 때는 나름의 차선책으로 적절한 대안을 고민해보자. 꼭 유행을 타는 메뉴가 우리 가게의 메인이 될 필요는 없다. 한 시즌에 잠깐, 반짝하는 특수 메뉴 정도로 시도해보는 일은 괜찮을지도 모른다. 언제든지 대체될 수 있는 유행의 특수성을 적절히 고려하여 이를 특수메뉴에 시도해보라는 조언이다. 물론 우선순위는 대중적이고 꾸준히 사랑받는 입맛에 집중해야 함을 잊지 말자. 유행을 덜 탐에도 불구하고 사람들이 꾸준히 찾는 메뉴에는 유행보다도 더 큰 힘이 있다. 사람들의 입맛을 공통으로 꿰뚫는 호감, 대중성은 유행보다도 때로는 더 자극적이다.

제4차 산업혁명과 외식 사업의 연관성

제4차 산업혁명과 외식 사업에는 몇 가지 공통점이 있다. 외식 사업의 프랜차이즈화에 성공하고 싶다면 제4차 산업혁명이 어째서 성공했는지를 떠올려보라. 이 역시 이전 내용에서 설명한 적이 있으나 마지막으로 정리해보고자 한다.

핵심은 시스템화이다

제2차 산업혁명은 컨베이어 벨트로 이뤄낸 다품종 대량생산의 혁명이다. 철저한 분업과 체계를 통해서 그 시대의 사람들은 작업공정에 일정한 '시스템'을 적용하게 됐다. 어떠한 제품을 생산하기 위해서 거쳐 가는 모든 프로세스는 세부적으로 잘게 쪼개졌고 철저한 컨트롤 아래에서 움직여졌다. 급속도로 이루어진 기계화는 시스템을 더욱 견고하게 만들었다. 그 결과 우리는 현시대에 수많은 물질적 풍요를 누릴 수 있게 됐다.

창업도 하나의 거대한 시스템이므로 체계와 전략이 있어야 한다

요식 사업도 마찬가지다. 정해진 메뉴를 오더에 따라 시간에 맞춰 대응하기 위해서는 일정한 시스템이 있어야 한다. 이 시스템을 가능하게 하는 것이 바로 분업과 세분화이다. 한명 한명의 인력은 마치 컨베이어벨트처럼 자신이 담당하는 분야를 능수능란하게 다룰 수 있어야 한다. 모든 벨트가 정상적인 궤도에서 잘 흘러간다면 가게는 창업주가 굳이 지키지 않더라도 수월하게 운영되기 마련이다. 비단 요식 사업뿐만이 아니다. 어떠한 업종에서 창업을 이룩하던 그 나름대로 체계와 전략은 필수적이다. 다른 말로 표현하자면 가게를 운영하는 가이드라인을 만드는 일이다.

프랜차이즈는 눈대중으로 만들 수 없다

제4차 산업혁명을 가능하게 했던 또 다른 일등공신은 정확한 수치화, 계량화이다. 데이터와 숫자에 근거한 객관적인 자료들이 있어야 우리는 불확실성을 줄이며 경우의 수를 예측할 수 있다. 창업도 마찬가지이다. 가능한 모든 영역을 모두 수치화하여 데이터로 관리할 수 있게 하자. 정확한 컨트롤을 가능하게 하는 것은 프로세스의 세분화와 객관적인 자료들임을 잊지 말자.

06 [대외비] 외식 사업 아이템 제안

1 치킨 말고

아이템을 고르고 싶다면 치킨은 피하라고 권하고 싶다. 먹자 골목에 들어서 보면 그 답이 나온다. 치킨을 팔지 않는 곳은 없다. 작은 동네 호프집부터 거대 프랜차이즈와 대형 할인점에서까지 다양하고 맛있는 치킨이 지금도 계속 개발 중이다. 이 거대한 싸움에서 승산이 있는가? 가능성만 놓고 보았을 때 개인이 프랜차이즈를 물리치고 살아남는 것도 무리고, 프랜차이즈를 한다고 해도 그 수많은 지점 중에서 선택받는 것은 너무 어려운 일이다. 레드오션은 '안전빵'이라는 말을 했지만, 그것도 정도껏이다. 많아도 너무 많다.

2 대중적이면서도 독특한 것

위에서 치킨은 제외했지만 그래도 대중성은 외식 사업에서 아무리 강조해도 부족하다. 롱런하는 사업은 절대 튀지 않는다. 그동안 업계에는 이색 먹거리들이 우후죽순처럼 밀려왔다가 다 사라졌다. 유행만 믿고 나도 한번 해볼까 하는 마음으로 창업한 점주들이 지금 몇 명이나 남아있는지 한번 헤아려 보기 바란다. 무난함이 아무 장점이 없는 것이 아니다. 레드오션이라서, 무난해서 주는 안정성이 있다. 그리고 동시에 같이 고민할 것이 있다. 독특해야 한다. 대중적이어야 하는데 독특하라니 무슨 말이냐고? 비등비등하고 똑같은 것 사이에서 하나 특이점이 있다면 더욱 두드러지게 보이는 법이다. 대중성이 롱런의 비법이라면 독특함은 성공하는 열쇠라고 할 수 있다.

③ 푸드트럭에서 팔 수 있는 것

자본이 많지 않다면 푸드트럭도 꽤 좋은 아이템이라고 생각한다. '무엇을 팔 것인가?'의 문제는 차치하더라도 점포 임대부터 인테리어 비용까지 대폭 아낄 수 있는 사업이기 때문이다. 지역마다 차이는 있지만, 정부 지원금 등을 받는 방법도 있을 것이다. 지역 창업 박람회는 물론, 창업 네트워크를 수시로 방문하면서 정보를 확인하자. 뜻이 있는 사람은 반드시 길을 찾아낸다.

④ 시스템화 가능한 것

철저한 시스템화가 이루어지지 않는다면 사업으로서의 가치가 떨어진다. 창업도 하나의 거대한 시스템이다. 체계와 전략이 통하지 않는 것은 성공하기 힘들다. 세상이 요구하는 것은 생각보다 단순하다. 외식업을 하겠다면 철저하게 계산하고, 또 계산해야 한다. 맛도 계산할 수 있다. 프랜차이즈라면 비율과 수치로 계량화하여 어디서든, 점주가 없어도 같은 맛을 낼 수 있어야 한다. 투자금, 당연히 계산해야 한다. 많고 적음이 문제가 아니다. 어떻게 계획하고 있으며 어떤 방식으로 어떻게 성공할 것인지 자신의 꿈을 구체화해야 한다.

Epilogue

저의 열정, 외식 사업에 대한 경험, 현장의 에너지를 나눠드립니다!

이 책을 통해 나는 내가 가진 정보들을 예비 창업가들에게 나눠주고자 했다. 처음 시작하는 사람이라면 뭐든지 낯설고 두려울 것이다. 모르는 항목도 많고 혼자 감당하기에 벅찬 일들이 앞으로 잔뜩 펼쳐질 텐데 매번 그때마다 도와줄 사람이 존재하지는 않는다. 즉, 혼자만의 힘으로 오롯이 견디고 버텨야 하는 순간이 반드시 찾아오기 마련이다. 그때 나의 글에 담긴 정보들이 조금이라도 도움이 되길 바라는 마음이다.

유로코피자를 창업하기 전에 나는 이미 숱한 실패를 겪어야 했다. 그럼에도 불구하고 여러 가지 우여곡절을 모두 거친 후에야 지금의 유로코피자가 탄생했다. 어려운 일이 있을 때 주위에 도와줄 사람이 없을 때 이번글에 담긴 각종 사항을 재점검해보자. 가끔은 초심으로 돌아가자는 마음가짐으로 이 책을 펼쳐보면 좋을 것이다.

 # 항상 열정을 잊지 마라.

외식 사업에서 가장 중요한 점은 무엇인가? 굳이 외식 사업이 아니더라도 창업에 있어서 가장 필수적인 부분은 무엇인가? 이미 나는 이 질문에 답을한 적이 있다. 바로 '열정'이다. 자신이 창업을 시작할 때 품었던 열정을 잃어서는 안 된다. 책에서 나온 항목에는 꽤 많은 것들이 있었다. 맛, 시스템화, 대중성 등 여러 가지 개념들이 등장했지만, 이 모든 것을 움직이게 하는 원동력은 바로 열정이다. 글을 시작하면서 끝마치는 순간까지 내가 일궈온 창업에 대한 열정을 모두 담고자 노력했다.

그래서 생생한 경험이나 예시를 많이 사용하고자 애를 썼다. 외식 사업을 진행하기 전부터 지금까지 겪어온 창업 필드에서의 경험은 모두 귀한 데이터가 돼 나의 성공에 큰 밑거름이 됐다. 그러므로 열정을 가지고 임하되 앞으로 닥쳐올 일들에 너무 두려워하지 않기를 바란다. 매번 기쁜 일만 생기는 건 분명 아닐지라도 그 모든 사항이 추후 성공을 위한 귀중한 데이터가 되기 때문이다. 창업에 대한 시작과 성공 그리고 마무리까지 기나긴 레이스를 움직이는 제목은 바로 열정이다. 열정을 잃지 말아야 한다.

시작이 반이다. 벌써 반이 시작됐다.

시작이 반이라는 말을 예비 창업가들에게 꼭 전해주고 싶다. 첫 번째 장부터 여기까지 모두 읽은 창업가라면 이미 절반이나 시작돼버린 것과 다를 게 없다. 내가 창업을 처음 시작할 때 가졌던 마음가짐부터 프랜차이즈화에 어떻게 성공했는지 디테일한 프로세스까지 모두 보았기 때문이다. 유로코피자 프랜차이즈의 성공을 벤치마킹하여 자신만의 창업 시나리오를 그려볼 기회를 가졌길 바란다.

머릿속에 다양한 창업 청사진을 그려보기 시작했다면 이미 당신은 창업 시장에서 시작된 레이스에 절반이나 도달한 셈이다. 시작이 반이라는 말은 정말 사실이다. '창업해야겠다!'고 마음먹고 정보를 찾아보는 순간부터 창업은 시작된다. 그리고 그 과정에서 열정을 품고 임하는 태도는 매우 귀중하다.

자신만의 길을 걸어가는 것은 싸움이 아니라 끝없는 타협이다.

시작이 반, 절반의 시작으로 본격적인 창업을 시작했다면 이제 앞으로의 길은 생각보다 험난하다. 이 책에서 나온 정보들을 모두 새겨듣더라도 말이다. 그때마다 나만의 일을 시작하는 게 외롭고 고단한 싸움이라고 여길지도 모른다. 그러나 날카롭고 볼품없는 돌부리가 수없이 많은 파도에 부딪혀서 결국 반짝이는 조약돌이 되듯 창업의 과정에서 앞으로 겪게 될 일들은 험난한 싸움이 아니다. 오히려 성공을 향해 달려가는 무수히 많은 타협과정이다.

혼자만의 고집과 독재로는 외식업 프랜차이즈에 성공하기 힘들다. 그래서 우리는 계속해서 음식과 대중과 직원들과 경쟁업체와 타협의 과정을 거친다. 그 모습은 다양하게 표현될 것이다. 힘들고 고단한 일이 닥치더라도 포기하지 말고 달려가길 바란다.

현장의 뜨거운 에너지를 당신도 느낄 수 있도록 하라.

    한창 오더가 들어와 바쁜 매장을 상상해보라. 모든 직원이 분주하게 움직이며 차곡차곡 매출이 쌓이는 매장의 에너지는 상상을 뛰어넘는다. 모든 땀방울과 정확한 체계가 쌓여 나는 유로코피자라는 현장을 일궈냈다. 그러기 위해서 시스템을 도입했고 분업을 시행했으며 대중성에 대해 끝없는 연구를 진행했다. 그리고 솔직하게 내가 겪은 과정들을 글에 담았다. 글을 읽는 창업가들이 매장의 에너지를 느낄 수 있도록 말이다. 창업을 시작하고자 하는 지금 당신의 마음에 품은 열정이 매장의 에너지로 연결될 수 있도록 꾸준히 노력하라. 지치지 말고 전진하다 보면 당신은 분명 레드오션 외식업계에서 살아남을 수 있다. 치열한 현장, 외식업 프랜차이즈에 꼭 성공하길 바란다.

**프랜차이즈
상식을 깨다**

외식업 프랜차이즈
창업 성공 비법

프랜차이즈
상식을 깨다
외식업 프랜차이즈
창업 성공 비법

프랜차이즈
상식을 깨다
외식업 프랜차이즈
창업 성공 비법

프랜차이즈
상식을 깨다
외식업 프랜차이즈
창업 성공 비법

프랜차이즈
상식을 깨다

외식업 프랜차이즈
창업 성공 비법